JN059900

日本CFO協会 認定

経済産業省 経理・財務人材育成事業
FASS
Finance&Accouting Skill Standard

改訂4版

経理・財務スキル検定™

FASS

FINANCE & ACCOUNTING SKILL STANDARD

インボイス制度、電子帳簿保存法反映版

テキスト & 問題集

CSアカウンティング 編

日本能率協会マネジメントセンター

本書の内容に関するお問い合わせについて

平素は日本能率協会マネジメントセンターの書籍をご利用いただき、ありがとうございます。

弊社では、皆様からのお問い合わせへ適切に対応させていただくため、以下①〜④のようにご案内いたしております。

①お問い合わせ前のご案内について

現在刊行している書籍において、すでに判明している追加・訂正情報を、弊社の下記 Web サイトでご案内しておりますのでご確認ください。

https://www.jmam.co.jp/pub/additional/

②ご質問いただく方法について

①をご覧いただきましても解決しなかった場合には、お手数ですが弊社 Web サイトの「お問い合わせフォーム」をご利用ください。ご利用の際はメールアドレスが必要となります。

https://www.jmam.co.jp/inquiry/form.php

なお、インターネットをご利用ではない場合は、郵便にて下記の宛先までお問い合わせください。電話、FAX でのご質問はお受けいたしておりません。

〈住所〉 〒103-6009　東京都中央区日本橋 2-7-1　東京日本橋タワー 9F

〈宛先〉 ㈱日本能率協会マネジメントセンター　ラーニングパブリッシング本部　出版部

③回答について

回答は、ご質問いただいた方法によってご返事申し上げます。ご質問の内容によっては弊社での検証や、さらに外部へお問い合わせすることがございますので、その場合にはお時間をいただきます。

④ご質問の内容について

おそれいりますが、本書の内容に無関係あるいは内容を超えた事柄、お尋ねの際に記述箇所を特定されないもの、読者固有の環境に起因する問題などのご質問にはお答えできません。資格・検定そのものや試験制度等に関する情報は、各運営団体へお問い合わせください。

また、著者・出版社のいずれも、本書のご利用に対して何らかの保証をするものではなく、本書をお使いの結果について責任を負いかねます。予めご了承ください。

　現在、さまざまなビジネスを行う人たちに経理・財務の基礎知識が必要となっています。ビジネスの高度化にともない、経理・財務セクションの方々だけではなく、あらゆる職業の人が現場のさまざまなシーンでその知識を必要としています。

　経理の学び方でもっとも一般的な方法は、簿記の学習です。会計の基本である記帳の方法を学ぶことは、大変重要なことです。しかし、簿記では判断を行うための知識についてはほとんど学習しないため、この部分は別途ほかの方法で学ぶ必要があります。簿記試験を受かっただけでは必ずしも実務能力があるとは認められず、あわせて実務経験を問われることが多いのが現状です。

　業務に必要な判断は、専門学校が行う税理士・会計士講座の学習、専門書の購入、長期間の業務経験等によって習得されることが多いと思います。しかしながら、いずれの方法にしてもかなりの労力が必要とされるため、初学者や経理セクション以外の方が簡単に取り組めるものではありませんでした。そのため、多くの方にとって必要とされていながら、手をつけにくい状況にあったといえるでしょう。

　経済産業省の平成16年度高度専門人材育成事業として、日本CFO協会が経済産業省より「経理・財務スキル検定プログラム開発プロジェクト」を受託しました。この実証実験において、経理・財務スキル検定（以下、FASS検定）が経理・財務分野で必要とされる実務スキルを測るうえで、精度が高い試験であることが実証されています。

　FASS検定の学習は、経済産業省「経理・財務サービス・スキルスタンダード」に完全準拠し、効率よく実務で必要な知識を得ることが可能です。

　FASS検定は、現状の実務スキルの診断や今後の社内教育についての有効な試験として、多くの企業に注目され、経理に関わる多くの方が、受験しています。今後は、企業が人事評価のツールとして活用することも考えられます。

　本書は、FASS検定を受験するうえで基本的な重要ポイントを踏まえて作成しています。初学者の方がFASSのCランクを獲得できるよう、できるだけ簡単に理解できるように解説を行いました。さらに、例題を解くことで、その理解を深められるよう編集しています。

　注）本書で掲載している問題は、過去にFASS検定で出題された問題ではなく、本書のために作成された問題です。

　本書が少しでもFASSに興味をもたれている皆さまのお役に立てれば、著者としてこれに勝る喜びはありません。

　最後に、本書の改訂につきまして、株式会社日本能率協会マネジメントセンターの皆さまには大変お世話になりました。ここに厚く御礼申し上げます。

　2023年12月

ＣＳアカウンティング株式会社　**執筆者代表**

代表取締役　**中尾篤史**

もくじ

(1) 経理・財務スキル検定（FASS）とは

経済産業省の平成16年度高度専門人材育成事業「経理・財務サービス・スキルスタンダード普及促進モデル事業」で実証された、経理・財務実務のスキルを客観的に測定するための検定試験です。特徴は、以下の4点です。

① 優れた「実用性」

経済産業省の「経理・財務サービス・スキルスタンダード」に完全準拠しており、「経理財務の仕事ができるかどうか」が一目瞭然です。

② 優れた「客観性」

米国流試験開発手法インストラクションデザインと統計分析に基づいて開発した本邦初の実務検定です。

③ 優れた「信頼性」

経理・財務の実務家1,000人が参加した実証実験で検証されたデータをもとに、スキル診断ができる検定です。

④ 優れた「利便性」

CBT（Computer Based Testing）試験なので、検定期間内であればいつでも都合のよい日時に受験が可能です。

(2) 対象者

経理・財務部門の定型的実務に従事されている方、これから経理・財務部門に従事しようとしている方。

(3) 出題

出題範囲：「経理・財務サービス・スキルスタンダード」のうち、定型業務として標準化された業務が対象。

分野	資産分野	決算分野	税務分野	資金分野
業務	売掛債権 買掛債務 在庫 固定資産 ソフトウェア （クラウドサービス）	月次業績 単体決算 連結決算 外部開示	税効果計算 消費税申告 法人税等申告 グループ通算制度 税務調査 電子帳簿保存法 消費税インボイス制度	現金出納 手形 有価証券 債務保証 貸付金 借入金 社債 デリバティブ取引 外貨建取引 資金管理

※「経理・財務サービス・スキルスタンダード」で標準化していない非定型の業務は出題範囲の対象外としています。詳細は「経理・財務サービス・スキルスタンダード」でご確認ください。

※「FASS」試験本体は、資産・決算・税務・資金の4分野から構成。また、上記4分野に解答後、任意で**オプション科目「FP&A（経営企画スキル）」**に回答することができます。

試験概要
問題数：上記の出題範囲から合計で100問出題されます(四肢択一)。 　　　　＊オプション科目の「FP&A（経営企画スキル）」は、20問（四肢択一）
試験時間：90分（オプション科目は別途30分）
受験方法：試験は、全国にある試験センターでコンピュータでの受験となります。受験申込みから試験実施まで、CBT-Solutions社が運営を行います。
受験料：一般¥11,000／ 日本CFO協会法人会員¥8,800 （税込）　日本CFO協会法人会員には団体受験による割引があります。

※「FP&A（経営企画スキル）」は、米国最大の財務教育団体AFP（Association for Financial Professionals）の協力を得て開発された検定プログラムです。分析、予測、計画の策定、業績報告といった経営・事業の意思決定プロセスに貢献する**「経営企画・経営管理」**の世界標準の**実務スキルを身に付ける**ものとして、2020年度よりスタートしました。

FASS検定を受験される皆様にも、FP&Aの基本的な内容に触れて理解を深める機会としてオプション科目に追加しました。是非ご利用ください。

(4) 試験結果

　試験結果は、合否ではなく総合点から5段階のレベルでスキル評価し、分野ごとの達成度合いも表示します。米国流のインストラクション・デザインの考え方と統計分析による客観性・信頼性が特徴とされるFASSは、同じ能力であれば何回受験しても同じスコアが出るスキル診断ツールとして、企業のCFOや経理財務幹部が注目しています。

● 試験結果の評価区分 ●

レベル	スコア	評　　価
A	689点〜	経理・財務分野について、業務全体を正確に理解し、自信をもって経理・財務部門の業務を遂行できるスキルをもっている。
B	688点〜641点	経理・財務分野のほとんどの業務を理解し、業務を遂行できるスキルをもっている。分野によって、知識の正確さに個人差があるものの、業務を妨げるようなことはなく、適切に対応できるスキルをもっている。
C	640点〜561点	経理・財務分野について、日常の業務を行うための基本的なスキルが身についているが、自己の経験以外の業務への対応力について差が見られる。日常の業務であれば、業務を理解して、支障なく対応できるスキルをもっている。
D	560点〜441点	分野によって、知識の正確性に差があり、不十分な部分が多いが、支援を受けながら、最低限の業務を行うスキルをもっている。
E	〜440点	経理・財務分野について、部分的にしか理解できていない。今後の努力を期待する。

　「オプション科目」に関しては、達成度合いにより、3段階のレベルでの評価となります。

学習方法

(1) FASSの出題傾向と対策

　FASSは、他の会計関連の資格と異なり、かなり広い範囲から出題されます。出題範囲は、経理・財務セクションで行う業務のなかから非定型業務を除き、標準化された定型業務となっています。この広い分野をやみくもに学習するのは、効率的ではありません。

　とくに初学者の方は、出題が多くされやすい重要な基本項目について確実に押さえることが得点の近道でしょう。FASSの試験では、以下の5点について多く出題されています。

　①用語についての理解を問うもの

　②会計処理方法を問うもの

　③会計学について問うもの

　④経理・財務担当者としての行動について問うもの

　⑤業務フローを問うもの

　基本的な内容が中心ですが、さまざまな角度から問われてきますので、暗記ではなく個別の内容の理解が必要になります。

(2) 本書の活用方法

　本書はFASSの分野のなかでも基礎的な業務で必ず必要な部分を記載しています。各項目の説明については、確実に理解をしてください。そして、説明を読んだ後に例題を解いてみましょう。

　例題はFASSの問題とは形式が異なりますが、基本的に前項の説明文と連動しており、基本項目の理解度が深まるように編集しています。間違えた場合には本文に戻り、なぜ間違えたか確認し、確実に理解していくことが高得点につながります。

　また、巻末にFASSの出題形式を模した練習問題を100問掲載しています。本試験前の最終確認として活用してください。

FASS

第1章

資産

第1節
売掛債権

▶売上業務

1 売上の認識

　売上の認識は、実現主義により行われます。実現主義とは、実現の時点で収益を認識する会計学の考え方です。ここでいう実現とは、財貨または用益の移転（商品の引渡しやサービスの提供）と、これに対する現金または現金等価物（売掛金、受取手形など）の取得を指します。すなわち、財貨または役務が外部に販売された事実を実現の時点とすることから、実現主義は具体的には販売基準として適用されています。

```
●実現の要件●
①財貨または用益の移転
②現金または現金等価物の取得
この2つの要件を満たすことが必要。
```

　たとえば、先に代金を受け取ってから商品を送る場合には、実現の要件は商品の発送が完了した時点になります。代金を受け取る時点では商品の引渡しがされていないため、実現の要件は満たしません。

2 売上の計上基準

　一般的な販売形態では、売上は次のいずれかの基準を用いて計上します。

①出荷基準

商品等を実際に出荷（発送）した日をもって、売上に計上する。

②引渡基準

相手先へ商品等を引き渡したという事実をもって、売上に計上する。

③検収基準

相手先へ納入した商品等の数量、品質等を検査・確認した時点をもって、売上に計上する。

● 特殊な販売形態による計上基準 ●

委託販売…………販売基準または仕切精算書到達日基準

試用販売…………買取意思表示基準

予約販売…………引渡基準

割賦販売…………引渡基準、回収基準、回収期限到来基準

長期完成工事……工事完成基準または工事進行基準

3 収益認識基準

日本の会計基準を国際的な会計基準に合わせる方針から、国際財務報告基準の考え方を取り入れた「収益認識に関する会計基準」が定められました。公認会計士の会計監査を受ける会社法上の大会社（資本金5億円以上または負債200億円以上の会社）や上場会社は収益認識基準が適用されます。

収益認識基準では、売上の計上は以下の5つのステップを経て計上されます。

●ステップ1：顧客との契約を識別

一定の要件のすべてを満たす顧客との契約を識別します。

●ステップ2：契約における履行義務の識別

契約に含まれる、財またはサービスを顧客に対する履行義務として識別します。例えば、製品の提供とその保守サービスが一つ

になった契約の場合でも、2つの履行義務として把握します。

●ステップ3：取引価格の算定

　変動対価、契約における重要な金融要素、現金以外の対価、顧客に支払われる対価の金額を把握します。

●ステップ4：履行義務への取引価格の配分

　履行義務が複数ある場合は、それぞれの履行義務を独立して販売する場合の価格を基準に、契約の販売価格を配分します。

●ステップ5：履行義務の充足による収益の認識

　一時に収益認識する場合と一定期間にわたって収益認識する場合がありますが、それぞれの履行義務を充足したタイミングで、収益を認識します。

4 売上の計上漏れを防ぐために行う方法

　売上の計上は商品等の出荷または検収という事実に基づいて行われるため、その事実を客観的に判断できる時点で売上を計上する必要があります。

　売上の計上漏れを防ぎ、売上を適切に計上するためには、以下の方法があります。

①相手先ごとに売掛金・前受金の残高管理を行う

　相手先ごとに、債権の発生・回収に関しての確認を行います。たとえば、売掛金にマイナス残高が生じている場合には、入金処理はされているが売上処理がされていない可能性があります。

②定期的に実地棚卸を行う

　売上の認識は商品の引渡し等によって行われるため、帳簿上での管理のほか、定期的に実地棚卸を行い実際の商品残高を把握することにより、売上の計上漏れを防ぐことができます。

③収益と費用が対応しているかどうかを確認する

　取引先へ外注費を支払ったときなど、対応する売上の計上があることを確認することにより、売上の計上漏れを防ぐことができる場

合があります。

④利益率に極端なバラツキがないかを確認する

　個別の取引での確認、前月や前年同月との比較、期末に前年度末との比較等を行い、異常値が見られる場合には、原因を確認することにより、売上の計上に誤りがないかを確認します。

⑤補助簿や証憑等との照合を行う

　売掛金台帳や売上台帳等の補助簿、請求書や納品書等の証憑と会計処理が一致しているかを確認することにより、単純な売上計上漏れを防ぐことができます。

例題①

　次の選択肢のうち、実現主義に基づく売上の計上日として適切でないものを選びなさい。

［選択肢］
(1) 器具備品の注文を受け、得意先に納品を行った日
(2) コンサルティング会社が業務を請け負い、レポートの納品報告が完了した日
(3) 不動産会社が部屋を貸している入居者から家賃が振り込まれた日
(4) 引越業者が引越しの依頼を受け、業務を完了した日

解説 ……………………………………………………………………

　収益の認識は、実現主義により行われます。実現とは、財貨または用益の移転および現金または現金等価物の取得を指します。

　部屋を貸している場合、期間の経過によって借主は賃料の支払義務が生じるため、その時点で収益の認識が必要となります。

解答　(3)

▶債権残高管理‥‥‥‥‥‥‥‥‥‥‥‥‥‥‥‥‥‥‥‥‥‥‥

1 債権残高の管理

　商品等の販売では、代金の回収が重要な問題です。代金の回収状況が悪いと、すぐに資金繰りに影響してきます。

　売掛債権残高では、得意先ごとにいくらの売上と回収があったかを管理します。販売代金を回収しないかぎり、営業活動を継続していくうえで経費の支払いを続けるのは不可能です。

　債権残高を適切に管理するためには、売上台帳や売掛金台帳等の補助簿を作成し、債権の残高等を管理していく必要があります。

　いつ、なにを、どれだけ、いくらで、どの得意先に販売し、いつ、いくら回収したかを把握することにより、債権残高を管理します。

2 請求書の発行と入金確認作業

　請求書の発行は、売掛金台帳等をもとにして各得意先に対して行います。この作業が遅れると、入金遅れにつながることとなりますので注意が必要です。

　入金確認作業では、回収期日通りに請求した金額が入金されたかを確認します。この作業は消し込み作業と呼ばれます。消し込み作業は重要で、忘れたり間違えたりすると、このあとの取引先への誤請求の原因となります。このときに、回収が遅れているものや、請求金額と入金金額との差額が発生した場合は、その差異内容を把握し、請求相手に問合せ等の対応を行います。

3 債権残高の確認

　期中における残高確認のほかに、期末において得意先元帳から得意先別に債権残高明細書を作成します。さらに、その記入が正確であるかをチェックするため、各得意先に対し債権の残高確認を行いま

す。内部統制を徹底することができ、不正防止にも役立てられます。

4 与信管理

　与信とは、取引先に信用を与えることです。現金を受け取らずに売掛金や受取手形が発生する取引には、与信が発生します。販売行為から入金までの売上債権の管理を行うことを与信管理と呼びます。

　与信管理を行うためには、各取引先について信用評価を行い、それぞれに与信限度額の設定を行います。与信管理は取引開始時だけではなく定期的に見直す必要があり、そのたびに取引可能な金額の変更をかけるなど、状況に応じた対応が必要となります。

　なお、内部統制上、与信を設定する部門とは異なる部門（管理部門等）において、社内基準に沿って適切に与信の設定がされているかを確認することが重要となります。

債権管理フロー

入金管理フロー

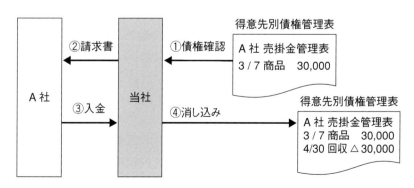

例 題 ①

次の選択肢のうち、与信管理の記述として適当でないものを選びなさい。

［選択肢］

(1) 与信管理を一定の基準で行うためには、与信可否基準や与信限度額など、社内であらかじめ決めた与信基準の設定が必要である。

(2) 与信限度額を超えた取引を避けるため、債権残高の状況と与信限度額の対比チェックが継続的に行われるようにする必要がある。

(3) 与信限度額の設定は煩雑で時間がかかるため、取引開始時に厳重に行い、その後の見直しは数年に一度程度行う方法が望ましい。

(4) 与信管理のさいには、信用調査機関に依頼するとともに自社でも実施するのが望ましい。

解 説 ……………………………………………………………………

当初設定した与信限度額は、その取引先の財務状況や業界の動向など、与信判断の前提条件が変化したさいには、そのつど、それに合わせて見直す必要性があります。当初に設定した与信のまま取引を継続しないように注意しなければなりません。

解答　(3)

例題 ②

　次の選択肢のうち、与信管理の記述として適切でないものを選びなさい。

［選択肢］
(1)　与信管理は、調査会社への依頼や格付情報を入手して行う方法もある。
(2)　与信管理で大事なことは、与信先に対する企業評価を継続的に実施することである。
(3)　与信には、与信先の財務指標も使われることがある。
(4)　与信管理を行っていれば、当該企業に対する売上債権残高管理の必要はない。

解 説 ・・

　与信管理の前提に売上債権管理があります。与信管理のルールがあっても、売上債権管理ができていないとまったく意味がありません。

　与信管理では、企業評価を行って決めた取引限度額と、売上債権残高の比較を必ず行う必要があります。そのために、会計データや得意先管理台帳等から、取引先ごとに定期的な売上債権残高データの受取りが必要となります。

　与信では、売上債権残高と比較して限度額を超えていたら、回収の促進をします。そのため、売上残高管理は与信管理が機能する重要な要素となります。

解答　(4)

▶ 滞留債権対応……………………………………………

1 滞留債権の管理

　滞留債権を把握するためには、得意先ごとの売上債権残高を定期的にチェックすることが必要です。回収期日を超えても支払われない場合には、滞留債権リストを作成し、状況に応じた対応をとることが大切です。

　得意先からの債権の回収が遅れているような場合には、その得意先は危険な状態の可能性があり、このような債権は貸倒れになってしまうかもしれません。

　そこで、債権の回収を確実に実施していくための手段として、つねに債権残高を確認できるように得意先別に売上債権の残高管理表の作成を行います。

売掛金管理表

相手先	月初残高	当月発生	当月回収	月末残高				
				当月	前月	前々月	3カ月超	合計
A工務店	2,000	800	600	800	1,400	0	0	2,200
B商　事	150	0	0	0	0	0	150	150

　また、売上債権の残高をタイムリーに把握していくことで、与信管理が有効となります。多くの取引は、月末締め翌月支払いといったように、月次を基準としているため、売上債権残高を把握するタイミングは、最低でも月次を基準にしたいところです。これより間隔が空くと、売上債権残高が与信限度額を超えたとしても気づかないことが多くなってしまいます。

2 滞留原因の把握

滞留原因には、大きく分けて2つの原因があります。

①得意先の業績不振によるもの。

②取引上のトラブルによるもので、具体的には、返品や値引きなどの記入漏れ、二重計上、検収ずれや記入ミス、送金の未達等によるもの。

上記のような原因を個別に追求するために、得意先別債権管理を行うことが必要です。得意先ごとの債権残高をつねにしっかりと把握することにより、貸倒れの未然の防止が可能です。

> 貸倒れ――取引先の倒産などの事由により、売掛金や受取手形の一部または全部を回収できなくなってしまうこと。

3 貸倒引当金の計上

滞留債権に関して、貸倒引当金を計上します。貸倒引当金の計上にあたっては、相手方の財務状況や経営成績等に応じて、「一般債権」・「貸倒懸念債権」・「破産更生債権等」の3つに区分し、それぞれの区分に応じた引当率を用いて引当金額を算出します。

4 内容証明を使った対応

回収予定日に入金がなく、再三請求しても支払いがないような場合には、内容証明の利用も手段の1つです。

内容証明を利用する効果としては、次の点があります。

①内容証明郵便自体には債権に対する拘束力はありませんが、最終的には、相手に法的な措置も視野に入れている意思を伝え、心理的なプレッシャーを与えることができます。

②訴訟に発展したときに、事前に警告を発していたことを証明できます。

例題 ①

　次の選択肢のうち、滞留債権が発生した場合の対応として適切でないものを選びなさい。

［選択肢］
(1) 与信管理の強化
(2) 債権保全策の実行
(3) 貸倒引当金の処理
(4) 貸倒損失の処理

解説 ‥‥‥‥‥‥‥‥‥‥‥‥‥‥‥‥‥‥‥‥‥‥‥‥‥‥‥‥‥‥‥‥

　滞留債権は回収が滞っている債権のことをいいます。実際に貸倒れとなっているわけではないので、貸倒損失の処理を行うことはできません。

解答　(4)

ワンポイント

貸倒損失

　貸倒損失は、税務上、要件が厳しく定められています。具体的には、①法律上の貸倒れ（会社更生法等による債権の切捨て等）、②事実上の貸倒れ、③形式上の貸倒れ（最終取引から1年以上経過等）として細かく定められた要件に該当しなければ計上することができません。

　要件を満たさずに貸倒損失を計上すると、あとあとの税務調査で問題となりますので注意が必要です。

例 題 ②

　次の選択肢のうち、会計上の貸倒引当金の説明として適切でないものを選びなさい。

［選択肢］
(1)　貸倒引当金は、貸借対照表上、金銭債権の評価勘定として表示される貸方勘定であり、負債の部に表示される。
(2)　貸倒引当金は、債権を回収可能性ごとに分類し、合理的・客観的見積りに基づいて算定される。
(3)　貸倒引当金を算定するにあたっては、債権を、①一般債権、②貸倒懸念債権、③破産更生債権等に分類し、合理的な見積りを行う。
(4)　算定された引当金は、損益計算書上で貸倒引当金繰入として費用計上を行う。

解 説 ••

　貸倒引当金は、貸借対照表上、金銭債権の評価勘定として控除形式で資産の部に表示されます。

解答　(1)

▶売上値引き・割戻し‥‥‥‥‥‥‥‥‥‥‥‥‥‥‥

1 売上値引き、売上割戻し、売上割引き

①売上値引き

　売上値引きは、商品の品質不良、破損等の理由によって販売代価から控除されるものをいいます。したがって、当初の商品等について損傷があったことにより、他の商品等と取り替えた場合は、とくに売上金額を修正する必要はありません。

②売上割戻し

　売上割戻しは、販売実績や代金回収高に対して一定の金銭を支出することをいいます。一般的にはリベートと呼ばれています。

③売上割引き

　売上割引きとは、売掛金等、未収の販売代金を、入金期日よりも早期に入金してもらった場合に、債権金額の一部を免除することをいいます。早期入金の対価としての支払利息に似ている性格をもっています。

2 売上値引き・売上割引きと割戻しの計上時期の違い

①売上値引き・売上割引き

　商品等の販売時期に関係なく、値引きや割引きが行われた事業年度で計上します。

②売上割戻し

　税法上の割戻しの計上時期は、相手方との契約内容に基づいて判定します。たとえば、算定基準が販売価格によっており、かつ、その基準が相手方に明示されている場合には、原則として販売日の属する事業年度の損金となります。その場合においても、特例として、継続適用を条件に、割戻しの通知日または支払日の属する事業年度の損金とすることも可能です。

3 売上値引き・売上割戻し・売上割引きの仕訳方法

　値引き・割戻しの仕訳方法は2通りあり、直接控除法と間接控除法があります。

①直接控除法

（借方）売上	×××	（貸方）売掛金	×××

②間接控除法

（借方）売上値引き	×××	（貸方）売掛金	×××

　直接控除法の場合は売上高から直接控除し、間接控除法の場合には売上高の控除項目として売上とは別に記帳します。

　なお、売上割引きは早期回収に対する金融上の費用（金利と同様）としての性質をもつため、営業外費用として取り扱います。

4 内部牽制

　売上値引きと売上割戻しは商品の動きをともなわないので、不正のもととなりやすく注意が必要です。内部牽制を図るためのポイントとしては、次の点があります。

①販売担当者に申請書を提出させ、上長の承認後、決済を行う。

　そのさい、添付資料として、算定根拠となる証憑や契約書等とも照合するようにする。

②決済は銀行振込みや売掛金との相殺処理を行い、現金での支払いを避ける。

値引き・割戻し対応業務フロー（契約あり）

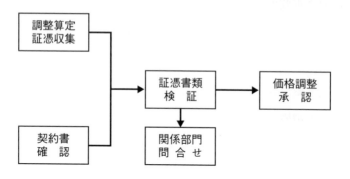

値引き・割戻し対応業務フロー（契約なし）

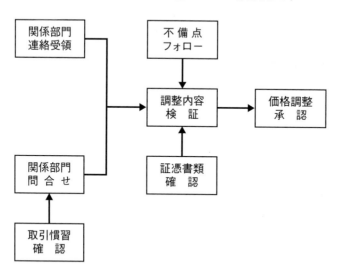

例題 ①

　次の選択肢のうち、損益計算書上、営業外費用に区分される
ものを選びなさい。

［選択肢］
(1)　売上値引き
(2)　売上割戻し
(3)　売上割引き

解説 ……………………………………………………………………

　売上割引きは支払利息と同様の性格をもっているため、損益計算
書上、営業外費用に区分されます。

解答　(3)

例題 ②

　得意先に対して売上値引きを行う場合において、内部牽制の
観点から適切でないものを選びなさい。

［選択肢］
(1)　値引申請書を提出し、責任者が決裁を行う。
(2)　営業職員に値引権限を与える場合、限度額を設けておく。
(3)　値引きした金額を小切手を持参して得意先に返金する。
(4)　値引きした金額を売掛金と相殺処理する。

解説 ……………………………………………………………………

　値引きなどを実施する場合には、経理部より直接銀行振込みを行
い、返金すべきです。営業担当者が現金や小切手を持参し返金する
方法は、不正が発生する可能性があり、望ましくありません。

解答　(3)

第**2**節
買掛債務

▶ 購買業務

1 購買業務の概要

　購買業務とは、発注から代金支払いまでの流れをいいます。購買業務は、その活動が利益に直接影響することから年々重要性が増しており、要求されたものをただ購入するだけの購買から、要求を先読みした能動的な購買の姿が求められつつあります。近年ではSCM（Supply Chain Management）の導入や、取引先とのネットワークの整備などが行われています。

2 購買業務の管理の目的

　購買業務を管理する目的は、適正な品質のものを、適正な価格で、必要な時期に購入することができる体制を整備することにあります。購買業務では、品質、数量、納期、価格という4要素はお互いに作用しあっており、バランスをとる必要があります。このうち、いずれか1要素でも満足できなければ、購買業務の目的は達成されません。

　したがって、すべての要素について満足でき、安定的な購買を行うためには、まず信頼のおける購買先と取引を行うことが大切です。購買先の選定では、その会社が継続的な取引先としてふさわしいかどうかを検討する必要があります。

3 仕入計上基準

　仕入れの計上基準として考えられる方法には、次のものがありま

す。

①納品基準（入荷基準）

物品が納品され、発注書と照合した時点で仕入れを計上する方法をいいます。

②検収基準

物品を検収した時点で仕入れを計上する方法をいいます。

上記のうち、望ましい方法は検収基準です。検収とは、納品を受けて発注書との照合終了後の品質検査や動作確認等の作業をいいます。

そのさい、受領した検収報告書や送り状・納品書等は、日付の記載があることとともに納品内容と一致していることを確認し、確認後は日付別や取引先別等に保管します。

なお、内部牽制の観点から見た場合、検収作業は発注担当者と別の担当者が行うのがよいでしょう。

検収基準による仕入業務フロー

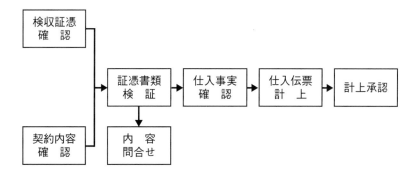

4 購買代金の決済手順

購買代金の決済は、以下の手順で行われます。

①請求内容の確認および債務計上

見積書や納品書や仕入先別台帳等と請求書を照合し、品目・数

量・単価・金額等といった請求内容に問題がないことを確認します。確認後、請求内容に基づき買掛金等債務の計上を行いますが、事前に納品書等に基づき債務計上が行われている場合には計上額に相違がないかの確認を行います。

②支払依頼

購買代金の支払条件は、各取引先との交渉によって決定されるため、各購買先によって違ってきます。支払依頼をするさいは、各購買先の支払条件を確認したうえで支払依頼書を作成します。また、支払依頼を行った請求書には支払済印を押印し、二重支払いを防ぐことも大切になります。

③支払実行

支払依頼書に基づき、各購買先への支払いを行います。そのさい、支払いを実行する担当者と承認する責任者を別にして内部統制を図るとともに、支払先・支払金額に誤りのないようにします。

④債務消込

支払実施後は仕入先別台帳等の補助簿に転記し、各購買先へ適正な金額の支払いが行われていることを確認するとともに、債務残高に関しても台帳等と会計帳簿の残高が一致していることを確認します。

ワンポイント

納品基準と検収基準

納品基準は、検収の完了によらずに仕入計上日となることから、品質上の問題が生じない物品について適用すべき基準であるといえます。

一方、検収基準は、オーダーメイド品で品質のチェックをすべきものや機械など、試運転が必要なものについて適用すべき基準です。

一般的に所有権の移転は内容の検査後に行われるべきであると考えられていることから、検収基準は多くの企業で採用されています。

例 題 ①

　次の仕入計上基準としての検収基準の説明のうち、（　　　）のなかに入る語句として適切なものを選びなさい。

　検収基準では、検収が終了した日をもって（　　　　）計上の日とする基準であることから、検収合格日＝（　　　　）計上日＝買掛金計上日であるといえます。

［選択肢］
(1)　売掛金　　　　(2)　未収金
(3)　仕入　　　　　(4)　現金

解 説 ....

検収合格日に仕入れの認識を行うため、仕入が正解になります。

解答　(3)

例 題 ②

　次の選択肢のうち、仕入計上を判断すべき証憑として適切でないものを選びなさい。

［選択肢］
(1)　物品受領書　　　(2)　納品書
(3)　検収報告書　　　(4)　見積書

解 説 ....

見積書は、納品または検収の事実を確認できないため、仕入計上を判断すべき証憑として適切ではありません。

解答　(4)

▶債務残高管理··

1 債務残高の確認と管理

　買掛金や未払金等の債務の残高確認は、全仕入先に対して個別に行う必要があります。債務残高を適切に管理し、支払いの遅延、二重支払い、取消し等のミスが起こらないようにしなければなりません。そのため、毎月の締切日には、前月残高、当月仕入高、当月支払高を整理して、仕入先別に期日別債務管理表を作成して残高を確定します。そして、仕入先からの請求書等とこの残高を照合し、一致していることを確認します。

　照合の結果、残高に不一致が生じた場合には、訂正手続きをとるとともに、誤りが再び生じないよう原因を追求し、実施手順等の見直しを検討します。

　誤りが起こる原因としては、おもに次のことが考えられます。

①返品や値引き等の手続き・連絡漏れ

②請求書の誤り（値引き等の記載漏れ、数量・単価の違い等）

③会計処理の誤り（二重計上・相手先違い・金額違い等）

2 支払管理

　買掛金等の支払方法は、現金払い、手形払い、小切手払い、銀行振込み等がありますが、どのように支払うかは、資金繰りのうえできわめて重要な問題となります。そこで、支払状況の把握がつねに必要となります。

　支払状況は、期日別債務管理表等を活用し、決められた決済条件により支払われていないもの、長期にわたって未決済になっているものがないかを把握し、その原因を調べた結果、自社に原因がある場合には早急に所定の条件通りに支払います。また、内部牽制の観点から、支払業務は仕入計上とは別の担当者が行うことが望まれます。

期日別債務管理表

相手先	月初残高	当月発生	当月支払い	月末残高				
				当月	前月	前々月	3ヵ月超	合計
A工務店	1,000	600	700	600	300	0	0	900
B商　事	200	0	0	0	0	0	200	200

3 内部牽制

　支払管理業務を進めるうえで、内部牽制を図る方法として有効な手段は以下のものがあります。

①債務残高の照合作業

　仕入先に、自社の債務残高の問合せを定期的に行います。経理部門から仕入先に債務残高を確認することで、購買部門に対する内部牽制が有効になります。

②滞留買掛金の調査

　売掛金と同様に買掛金も滞留しているものについて調査を実施し、原因の究明を図ります。記帳誤りなどが原因であることも考えられますが、最悪の場合には、架空仕入れである可能性も考えられます。

仕入先別元帳管理業務フロー

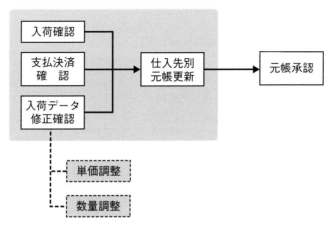

個別債務残高管理業務フロー

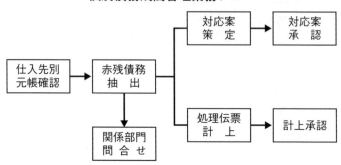

例題①

　次の選択肢のうち、買掛金の残高管理を行うために必要な証憑、資料として適切でないものを選びなさい。

［選択肢］
(1) 注文書控え
(2) 期日別債務管理表
(3) 受領した請求書
(4) 見積書

解説 ....

　見積書では、購入の事実を確認することができないため、買掛金の残高管理に使用することはできません。

解答　(4)

例題 ②

　債務残高管理の内部牽制に関し、適切でないものはどれか。

［選択肢］
(1) 債務残高管理を行うさい、残高に不一致が生じた場合には、訂正を行うとともに、原因を追究し実施手順の見直しを検討する。
(2) 支払業務の効率化を考え、支払業務と仕入計上は同一の担当者が行うことが望ましい。
(3) 仕入先へ債務残高の問合せを行うさい、購買部門とは別の部門（経理部門等）が行うことにより内部牽制を図ることができる。
(4) 架空仕入れの可能性もあるため、滞留買掛金の調査をし、原因の追究を図ることが大切である。

解 説

　支払業務と仕入業務を同一の担当者が行う場合、支払先や支払金額を間違える可能性があるとともに、不正の原因にもなりかねないため、内部牽制上は、別々の担当者が行うことが望ましいです。

解答　(2)

◉仕入値引き・割戻し……………………………………

1 仕入値引き、仕入割戻し、仕入割引き

①仕入値引き

　仕入値引きは、商品の品質不良や破損等の理由により、販売代価から控除するものをいいます。したがって、当初の商品等について損傷があったことにより、他の商品等と取り替えた場合は、とくに仕入金額を修正する必要はありません。

②仕入割戻し

　仕入割戻しは、購入実績等に応じて仕入先から一定の金銭を受け取ることをいいます。一般的にはリベートと呼ばれています。

③仕入割引き

　仕入割引きとは、仕入先に支払期日よりも早期に支払いをした場合に、債務金額の一部の免除を受けることをいいます。決済日から期日までの期間に対応する金利相当額の割引が行われるため、受取利息に似ている性格をもっています。

2 仕入値引き・仕入割引きと仕入割戻しの計上時期の違い

①仕入値引き・仕入割引き

　商品等の仕入時期に関係なく、値引きや割引きが行われた事業年度で計上します。

②仕入割戻し

　相手方との契約内容等によって異なります。購入日の属する事業年度、仕入割戻額の通知を受けた日の属する事業年度、実際に支払いを受けた日の属する事業年度で計上するなどの方法があります。

　なお、仕入値引き・割戻しを行う場合、契約に基づく場合と契約がない場合とがありますが、いずれの場合でも契約書や仕入先からの値引き・割戻しの算定資料等と仕入証票を照合し、値引き・割戻し額を確認することが大切となります。

値引き・割戻し業務フロー（契約あり）

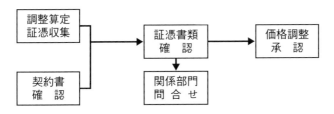

値引き・割戻し業務フロー（契約なし）

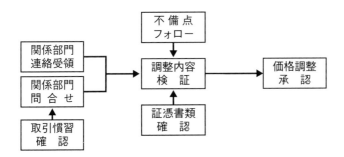

3 仕入値引き・仕入割引きと仕入割戻しの仕訳方法

値引きと割戻しの仕訳方法は2通りあり、直接控除法と間接控除法があります。

①直接控除法

（借方）買掛金	×××	（貸方）仕入高	×××

②間接控除法

（借方）買掛金	×××	（貸方）仕入値引	×××

直接控除法の場合は仕入高から直接控除し、間接控除法の場合には仕入高の控除項目として仕入れとは別に記帳します。

なお、仕入割引きは早期支払いに対する金融上の収益としての性質をもつため、営業外収益として取り扱います。

例題 ①

　次の選択肢のうち、損益計算書上、営業外収益に区分される
ものを選びなさい。

［選択肢］
(1)　仕入値引き
(2)　仕入割戻し
(3)　仕入割引き

解説 ……………………………………………………………………

　仕入割引きは、早期入金の対価としての受取利息に似ている性格
をもつため、損益計算書上、営業外収益に区分されます。

解答　(3)

例 題 ❷

　次の選択肢のうち、文中の（　　　）に入れる語句として適切なものを選びなさい。

　（　　　　）は、購入実績等に応じて、仕入先から一定の金銭を受け取ることをいいます。一般的にはリベートと呼ばれています。

［選択肢］
(1)　仕入割戻し
(2)　仕入値引き
(3)　仕入割引き

解 説 ･･･

　購入実績等に応じて仕入先から金銭を受け取る行為は、仕入割戻しといいます。

解答　(1)

第3節
在庫

▶ 残高管理

1 さまざまな在庫管理

　企業では、さまざまなものの在庫管理が必要になります。商製品、仕掛品、原材料に始まり、はては備品や文房具等々です。効率的な企業活動を行ううえでは、在庫管理という考えが必要不可欠になります。ここでは、そのなかでも棚卸資産の在庫管理について説明していきます。

2 棚卸資産の管理方法

　棚卸資産の管理方法としては、おもに3つの方法があります。

①現物管理

　実物の数量を直接管理することを現物管理といいます。必要な手順として、入荷時における納品書と現物との照合、および出荷時における出荷伝票等と現物との照合があります。

②帳簿管理

　これに対し、納品書、請求書、出庫伝票等の証憑に基づいて残高を管理する方法を帳簿管理といいます。棚卸資産の入出庫をタイムリーに帳簿に記帳し、残高を会計システム等に反映させます。

③実地棚卸

　事業年度の終了時に、実際に現物を数えて点検する手続きを実地棚卸といいます。最低でも年に1回は行う必要がありますが、企業によっては、毎月、実地棚卸を行うこともあります。

　実地棚卸は、次項目で詳細に説明します。

3 実地棚卸

①実地棚卸の目的

実地棚卸の目的としては、おもに2点があります。

- 数量の確定
- 在庫品質の確認（滞留品や不良品の把握等）——帳簿管理だけでは正確な残高の把握は難しく、また品質の確認まではできません。棚卸で実際の数量を把握し、滞留品や不良品等の有無を確かめ、適切に評価するとともに、帳簿残高と照合して実在する棚卸資産の残高を確定させることになります。

②実地棚卸の手順

実地棚卸の手順の一例として、以下のようなものがあります。

- 帳簿残高の確認……帳簿上の在庫残高を確認する。
- 実地棚卸報告の確認……実地棚卸結果の報告内容を確認する。
- 残高照合・検証……帳簿残高と実地棚卸残高の照合・検証を実施し、必要に応じて内容の確認も行う。
- 差異原因の究明……帳簿残高と実地棚卸残高の差異内容の原因を究明する。
- 報告データの修正依頼……差異の原因が実地棚卸報告にある場合は、報告内容の修正を依頼する。
- 実地棚卸の報告……差異の究明結果も踏まえて、実地棚卸結果を報告する。

帳簿残高と実地棚卸残高が一致していれば問題ありませんが、実際には必ずしも一致していません。その場合は、帳簿残高を実地棚卸残高に合わせることになります。

実地棚卸検証業務フロー

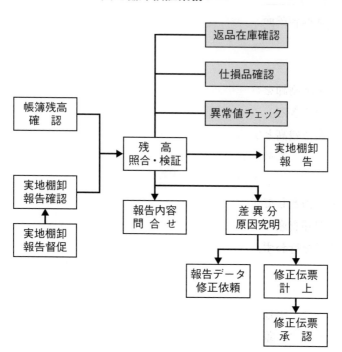

4 棚卸資産管理の意義

　企業は棚卸資産を販売することにより収益を得ることができ、また棚卸資産の管理を行うことにより顧客の必要とする量の棚卸資産をタイムリーに、良好な品質で販売できます。さらに、デッドストック（資産価値のない売残品）の発生を防ぐことも可能となり、余分な経費の発生を抑えることができ、会社はより大きな収益を得ることが可能となります。

例題 ①

実地棚卸に関しての説明で、適切でないものを選びなさい。

［選択肢］
(1) 実地棚卸を行うことにより、滞留品や不良品を見つけることができる。
(2) 帳簿残高と実地棚卸残高が一致しないときは、帳簿残高に合わせる必要がある。
(3) 帳簿残高と実地棚卸残高が一致しないときは、差額を棚卸減耗損として処理することがある。
(4) 棚卸資産の数や種類があまりにも多い場合は、全部の実地棚卸を行わず、一部を行うことで代用することがある。

解説

　帳簿残高と実地棚卸で差異が生じた場合は、実地棚卸に帳簿残高を合わせます。差異が発生する要因として、現場で商品の返品や処分等を行ったときに、その情報が管理部門に正しく伝わっていないことなどがあげられます。

解答　(2)

ワンポイント

棚卸減耗損

　実地棚卸の結果、帳簿残高に対して不足が生じた場合、原因を究明しますが、判明しない場合は実地棚卸高に合わせ、差額は費用処理することになります。これを棚卸減耗損といいます。

▶受払管理··

1 受払管理とは

　受払管理とは、ものの受入れ（仕入れ）、払出し（出庫）を把握し、数量と金額を管理することです。数量を確定したら、会社で決めた評価方法を用いて金額を確定します。とくに棚卸資産の受払管理は企業の在庫や収支に大きな影響を及ぼすので、適切な受払管理が必要になります。

2 受払管理の意義

　棚卸資産の受入れおよび払出しを管理することは、正確な在庫管理を行うための第一歩になります。受払管理をきちんと行うことにより、以下のようなメリットが生じます。

・正確な棚卸資産の残高を把握することできる。

・適正な在庫水準を保つことができる。

・円滑な仕入れと販売活動を行うことができる。

3 棚卸資産の払出方法

　棚卸資産の払出方法に関しては、いくつかの方法があります。おもなものとして、以下の3つの方法を説明します。

- ●先入先出法……先に受け入れたものから先に払い出したものとみなして、払出単価を算出する方法
- ●移動平均法……受入れのつど平均単価を計算して、払出単価を算出する方法
- ●最終仕入原価法……期の最後に仕入れたときの単価を期末時点の単価とする方法

評価方法の違いによる在庫金額の違い

商品元帳（先入先出法の場合）

日付	摘要	受入			払出			残高		
		数量	単価	金額	数量	単価	金額	数量	単価	金額
4. 1	繰越							50	60	3,000
4. 2	仕入	250	48	12,000				50 250	60 48	3,000 12,000
4.15	売上				50	60	3,000			
					150	48	7,200	100	48	4,800
4.28	仕入	150	60	9,000				100 150	48 60	4,800 9,000
計				21,000			10,200			13,800

商品元帳（移動平均法の場合）

日付	摘要	受入			払出			残高		
		数量	単価	金額	数量	単価	金額	数量	単価	金額
4. 1	繰越							50	60	3,000
4. 2	仕入	250	48	12,000				300	50	15,000
4.15	売上				200	50	10,000	100	50	5,000
4.28	仕入	150	60	9,000				250	56	14,000
計				21,000			10,000			14,000

　これらの払出金額の合計が損益計算書において売上原価となり、決算日における残高が貸借対照表における期末在庫となります。

4 受払いの検証

　受払状況の検証を行い、社内で定めた手順に従って受払いが行われているかを確認します。手順の一例として、以下のようなものがあります。

- 証憑書類確認……受払事実を示す証憑書類を確認する。
- 受払帳票確認……受払帳票を確認する。
- 社内処理基準確認……受払いに関する社内処理基準を確認する。
- 個別取引検証……証憑書類と受払帳票の照合・検証を行う。
- 関係部門への問合せ……受払内容に関し、関係部門に問い合わせる。
- 不突合分原因究明……個別証憑と受払帳票間の不突合分に関して、原因究明を行う。
- 受払検証報告……受払検証結果を報告する。

受払検証業務フロー

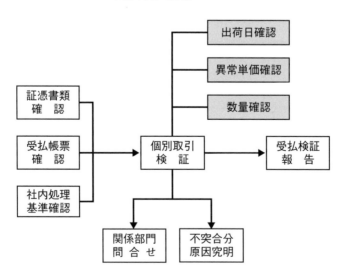

例題 **①**

　次の状況の場合、期末在庫の金額で正しいものはどれか選び
なさい。

　・期首繰越　　　　　数量300（単価@100）
　・仕入れ（第1回）　　数量200（単価@150）
　・払出し（第1回）　　数量200（単価　？　）
　・仕入れ（第2回）　　数量300（単価@200）
　・払出し（第2回）　　数量200（単価　？　）
　・期末在庫　　　　　数量400（単価　？　）
　・在庫の評価方法：　最終仕入原価法

［選択肢］
(1)　60,000
(2)　75,000
(3)　80,000
(4)　64,000

解　説 ••

　最終仕入原価法とは、期末直近の仕入時の単価を用いて期末在庫
の金額を算出する方法です。上記の場合、直近の仕入単価は仕入第
2回の単価200になりますので、

　数量400×単価200＝80,000となります。

　なお、(1)は総平均法、(2)は先入先出法、(4)は移動平均法の場
合となります。

解答　(3)

▶ 適正在庫管理 ·····························

1 適正在庫とは

　適正在庫とは、在庫することによるコストを最小限に抑え、品切れを起こさず、かつ過剰な在庫をもたない状態をいいます。在庫を抱えることによるコストを最小限に抑え、かつ効率のよい販売を行うには、きめ細かな管理を行う必要があります。

2 適正在庫の意義

　在庫は過剰でも過少でも、メリットの割にさまざまなデメリットが生じます。

　おもなメリットとデメリットは、以下の通りです。

	メリット	デメリット
在　庫 過剰時	・販売機会の損失を防ぐことができる	・余分な費用の発生……保管費用、金利、処分代等 ・在庫の品質低下……商品の劣化や陳腐化 ・生産性の低下……管理コスト、時間の増加
在　庫 過少時	・在庫の品質低下リスクが減る ・管理費用の減少……保管費用等の減少	・販売機会の損失……数量や納期に対応できない可能性が増す ・単位当たりの仕入コストの増加……大量仕入れによる割引き不可 ・発注回数の増加……購買担当者の手間の増加

　また、どちらの場合でも、結果として利益率の低下をもたらすので、適正在庫を把握し、維持することが人切になります。

3　適正在庫の設定

　適正在庫を設定するときは、以下の項目を考慮する必要があります。

①販売計画および納入状況の確認

　事前の販売計画や仕入れの納入状況を考慮し、品切れを起こさない数量を把握する必要があります。

②商品の特性

　劣化しやすいものは販売量に応じて、長期に保存が可能なものは一度に大量の発注を行って、できるかぎり仕入コストを下げるなど、商品の特性を考慮します。

4　適正在庫の検証

　適正在庫を保つためには、以下の2つの観点から管理を行っていく必要があります。

①数量面

　事前に設定された基準の在庫数量と実際の在庫数量を確認し、超過数量および内容を把握します。その後、関連の部門に問い合わせて、超過原因の究明を行い、対応策を策定、推進します。

②年齢面

　在庫の管理には、数量以外にも、年齢管理（在庫期間）という観点があります。数量は基準に合っていても、動きがない場合には品質が低下している可能性があります。実際の手順としては、事前に設定した在庫の基準年齢（期間）と実際の在庫年齢を比較し、超過しているものの内容を確認したあと、超過原因の究明を行い、対応策を策定、推進します。

　なお、数量面・年齢面とも、市場動向の変化等に応じて基準の見直しを行うことも大切になります。

適正在庫検証業務フロー

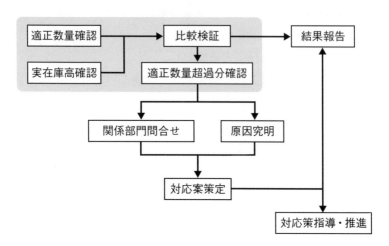

在庫年齢管理業務プロセス

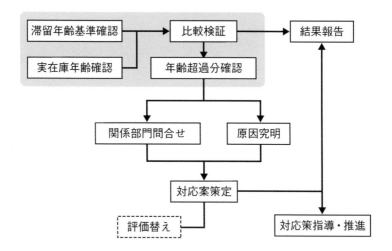

例題 ①

　在庫が過剰または過少時のメリットとデメリットに関しての
説明で、適切でないものはどれか。

［選択肢］
(1) 在庫が過剰な場合のメリットとして、在庫の数が十分すぎ
　　るくらいにあるので、販売機会の損失という事態を防ぐこと
　　ができるということがある。
(2) 在庫が過剰な場合のデメリットの1つとして、売残りや商
　　品のモデルチェンジに対応し切れず、結果として在庫の品質
　　が低下する（商品の劣化や陳腐化）ということがある。
(3) 在庫が過少な場合のメリットの1つとして、1単位当たりの
　　仕入コストを減少することができるということがある。
(4) 在庫が過少な場合のデメリットの1つとして、数量や納期
　　に対応できずに、結果として販売機会の損失という事態を招
　　くということがある。

解 説 ……………………………………………………………………

　在庫が過少な場合のメリットとして、
　・品質低下リスクの減少
　・管理費用の減少
があげられます。ただし、在庫が過少な場合、一度の仕入量が少な
くなることから、大量に仕入れることによる割引きが期待できず、
1単位当たりの仕入コストは増加します。

解答　(3)

第4節
固定資産

▶資産取得

1 資産取得

　固定資産の取得、つまり設備投資は企業にとってもっとも重要な活動の1つとなります。そのため、取得にあたっては、下記のような事項を慎重に検討する必要があります。

　①資産取得による損益およびキャッシュフローに与える影響
　②資金調達およびその返済方法と償却費、償却期間のバランス
　③ランニングコスト、メンテナンスなど

　また、取得形態について、購入以外にリースによる場合もあるため、購入以外の取得形態についても比較検討する必要があります。

2 資産取得実行

　固定資産取得の承認を受けて、資産を取得します。

①発注

　固定資産を実際に発注するさいに、複数の業者から見積りを取得して比較検討し、発注業者を決定して発注します。

②検収

　固定資産が納品された場合、実物、納品書、発注書との確認をとり、検収作業を行います。

③固定資産計上

　検収のあと、固定資産台帳に当該固定資産を計上します。

　固定資産に計上する取得価額には、固定資産の購入対価に加え、取得に要した付随費用（引取運賃、荷役費、運送保険料、購入手数

料、関税等）、および事業の用に供するために直接要した費用（据付費、調整試運転費等）を含める必要があります。

　また、建物等で、完成して事業の用に供するまでにタイムラグがある場合には、いったん建設仮勘定で計上する場合があります。

3 支払い

①請求書と納品書の突合

　請求書と納品書の内容が合っているか照合します。

②支払実行

　照合された請求書および支払依頼書に基づき、支払いを実行します。

　支払いにあたっては、支払漏れや二重支払い、支払期日に注意します。

4 少額資産の取扱い

　法人税法上、少額の減価償却資産について、別途取扱いが設けられています。

①少額減価償却資産

　使用可能期間が1年未満または取得価額が10万円未満の資産について、当該資産の取得価額に相当する金額を損金経理したときは、その損金経理した金額は、損金に算入することができます。

②一括償却資産

　減価償却資産で取得価額が20万円未満であるものについては、3年間で均等償却することができます。

　なお、資本金が1億円以下の中小企業者等（ただし、大規模法人に株式を1/2以上所有されている法人等一定の企業は除く）に関し、取得価額が30万円未満の資産（ただし、貸付の用に供したもので一定のものは除き、同一事業年度で合計300万円まで）は取得時の損金に算入することができます。

例 題 ①

　資本金5億円の法人が、法人税法上、損金経理をすることで一括で損金に計上することができる資産の金額の基準を選びなさい。

［選択肢］
(1)　10万円未満
(2)　20万円未満
(3)　30万円未満
(4)　40万円未満

解 説 ……………………………………………………………

　法人税法上、使用可能期間が1年未満または取得価額が10万円未満である資産について、当該資産の取得価額に相当する金額を損金経理したときは、その損金経理した金額は損金に算入できます。

解答　(1)

ワンポイント

取得価額による資産計上方法

　取得の金額に応じた法人税法上の取扱いをまとめると、以下のようになります。

● ～10万円未満　消耗品費等により一括経費処理
● ～20万円未満　一括償却資産として3年間で均等償却
● 20万円以上　固定資産として計上

▶減価償却費管理①・・・・・・・・・・・・・・・・・・・・・・・・・・・・・・・・・・・・・

1 減価償却とは

　取得した固定資産について、取得時にその全額を費用で計上することはできません。その固定資産の使用可能期間（耐用年数）にわたって費用化することとなり、これを減価償却といいます。

2 減価償却の方法

①財務会計上

　合理的に決定された一定の方式に従い、毎期、計画的、規則的に実施されなければならないとされています。

②法人税法上

　資産の区分に応じ、定額法または定率法等によって計算することと定められています。償却方法を選択する場合は、納税地の所轄税務署長への届出が必要となります。

　なお、会計上、法人税法の規定に基づいて計算することについて、特段不合理と認められることがないかぎり監査上妥当とされており、実務上の一般的な処理方法となっています。

3 減価償却の計算の基礎

　減価償却の計算は、取得価額、耐用年数、残存価額の3つを基礎に計算します。

①取得価額

　資産の取得価額として計上した金額となります。

②耐用年数

- ●会計上……資産の経済的使用可能予測期間を考慮のうえ、会社が自主的に決定すべきとされています。
- ●法人税法上……恣意的にならないよう、資産の種類と用途によ

り耐用年数が決められています（減価償却資産の耐用年数等に関する省令）。

　実務上は、法人税法の規定によることが多いようです。

③**残存価額**

　固定資産の耐用年数経過時の計算上の処分価値となります。

　法人税法上は、有形減価償却資産および無形減価償却資産についてともにゼロとなります（平成19年3月31日以前に取得した有形減価償却資産については、取得価額の10％）。

例題 ①

　減価償却の説明として、誤っているものを選びなさい。

［選択肢］
(1) 減価償却は期間損益を適正に把握する手段であり、費用配分の計算上の手続きである。
(2) 財務会計上の減価償却の計算は、合理的に決定された一定の方式に従い、毎期、計画的、規則的に実施されなければならない。
(3) 法人税法上の減価償却の計算は、税法上資産の区分に応じて一定の方法が定められている。
(4) 財務会計上と法人税法上の減価償却計算は異なるため、必ず両者を別々に計算しなければならない。

【解説】

　財務会計上、法人税の規定に基づいて計算することについて、特段不合理と認められることがないかぎり、監査上妥当とされており、実務上の一般的な処理方法となっています。したがって、税務調整等が行われている場合を除き、必ず別々に計算する必要はありません。

解答　(4)

例 題 ②

　減価償却の計算の基礎について、誤っているものを選びなさい。

［選択肢］

(1) 減価償却の計算の基礎とは、取得価額、耐用年数、残存価額の3つのことである。

(2) 法人税法上、耐用年数はとくに定められておらず、企業が合理的に算出したものであれば認められる。

(3) 法人税法上、無形減価償却資産の残存価額は0%である。

(4) 取得価額には、資産の本体価額以外の加算すべき付随費用を含める必要がある。

解 説

　法人税法上、耐用年数は資産の種類および用途に応じて定められており（減価償却資産の耐用年数等に関する省令）、原則としてこれによる必要があります。

解答　(2)

ワンポイント

法人税法上、任意の償却方法は認められるか

　減価償却方法について法人税法上は、資産種類ごとに選択できる方法が定められており、原則としてこれによらなければなりません（法定償却方法）。

　ただし、その他の償却方法について、税務署長の承認を受けることによって、法定償却以外の方法によることもできます。また、耐用年数についても、特別の事情がある場合に、税務署長の承認を受けることによって短縮することも可能です。

▶減価償却費管理②‥‥‥‥‥‥‥‥‥‥‥‥‥‥‥

1 減価償却の償却方法

　代表的な償却方法としては定率法と定額法があり、それぞれ下記の算式により計算します。

　・定率法 ＝（取得価額－減価償却累計額）× 定率法償却率
　・定額法 ＝取得価額× 定額法償却率

　※定率法による償却額が一定の金額を下回った場合、毎年同額を備忘価額まで償却することとなります。

　いずれの方法を採用するかは、会社の任意となります。

　法人税法上は原則として、

　●有形固定資産‥‥‥定率法

　　（平成10年4月1日以後に取得した建物については定額法のみ）

　　（平成28年4月1日以後に取得した建物附属設備・構築物については定額法のみ）

　●無形固定資産‥‥‥定額法

によって計算することとされています。

2 減価償却の計上方法

　減価償却費を計上する方法には、直接控除法と間接控除法とがあります。

①直接控除法

　減価償却累計額を当該資産の金額から直接控除し、その控除残高を当該資産の金額として表示する方式です。

　（仕訳例）

（借方）減価償却費　　　　××	（貸方）固定資産　　　　××

②間接控除法

　減価償却累計額を当該資産に対する控除科目として、減価償却累計額の科目をもって表示する方式です。

（仕訳例）

（借方）減価償却費　　　　××	（貸方）減価償却累計額　　××

　なお、財務諸表等規則において、有形固定資産については直接控除法または間接控除法によること、無形固定資産については直接控除法によることとされています。

3 平成19年3月31日以前に取得した固定資産の減価償却方法

　平成19年3月31日以前に取得した固定資産については、いわゆる旧定率法、旧定額法が適用されます。

> ・旧定率法 ＝ （取得価額－減価償却累計額）× 旧定率法償却率
> ・旧定額法 ＝ （取得価額－残存価額）× 旧定額法償却率

　また、これらの資産について、償却可能限度額（取得価額の5％）に達した場合には、翌年以後、1円まで5年間で均等償却することとなります。

4 固定資産台帳と会計帳簿との照合

　減価償却費の計上後、固定資産台帳と会計帳簿を照合し、計上漏れがないかや残額が一致しているかの確認を行います。

例題①

定率法と定額法の減価償却費を計算した金額として、正しい組み合わせを選びなさい。

決 算 期　R6/4/1—R7/3/31

取得価額　500,000円　　R6/5/1に取得、事業供用

耐用年数　10年（定率法償却率0.20、定額法償却率0.1）

［選択肢］
(1) 定率法　　91,666円　　定額法　45,833円
(2) 定率法　100,000円　　定額法　50,000円
(3) 定率法　　91,666円　　定額法　50,000円
(4) 定率法　100,000円　　定額法　45,833円

解 説 ・・

定率法　$(500{,}000円 - 0円) \times 0.20 \times \dfrac{11}{12} = 91{,}666円$

定額法　$500{,}000円 \times 0.1 \times \dfrac{11}{12} = 45{,}833円$

解答　(1)

例　題 ②

　財務諸表等規則における減価償却費の計上方法として、正しい組み合わせを選びなさい。

［選択肢］
(1)　有形固定資産……直接控除法
　　　無形固定資産……直接控除法
(2)　有形固定資産……間接控除法
　　　無形固定資産……直接控除法
(3)　有形固定資産……直接控除法または間接控除法
　　　無形固定資産……直接控除法
(4)　有形固定資産……直接控除法または間接控除法
　　　無形固定資産……間接控除法

解　説 ……………………………………………………………………

　財務諸表等規則において、有形固定資産については直接控除法または間接控除法によること、無形固定資産については直接控除法によることとされています。

解答　（3）

ワンポイント

定率法と定額法以外の減価償却方法

　法人税法上、資産区分により方法が認められているものとしては、生産高比例法があります。

　鉱業用減価償却資産や鉱業権に認められている償却方法で、あらかじめ生産高（この場合は採掘予定数量）が決められている資産について、以下のような算式で計算します。

　取得価額÷その資産の耐用年数と採掘予定年数のうち短いほうの期間内における採掘予定数量×その事業年度における採掘量＝償却額

▶現物管理··

1 固定資産管理の実施

　固定資産は企業にとって重要な資産であり、在庫等と同様に帳簿と現物の両方を管理しなければなりません。

　固定資産を取得した場合、現物に固有の番号（固定資産番号）を記載したシール等を貼り付け、情報を固定資産台帳に登録します。

　その後、移動や除却・売却等の変動事項があれば、現物の動きと同時に台帳についても適宜更新します。

2 固定資産台帳

①固定資産台帳の作成

　固定資産の管理を目的として作成される補助簿で、固定資産の種類ごとに作成します。

　記載事項としては、番号、名称、種類、取得日、取得価額、数量、償却方法、耐用年数、管理部署、所在場所、構造・細目、履歴等（移動、除却、売却等）となります。

②固定資産台帳の更新

　固定資産台帳は、固定資産の取得や改良、資産の所在地の移動、除却・売却等が生じた場合、速やかに内容を確認し、更新します。適宜更新することによって、現物と帳簿とを一致させるようにします。

3 現物管理

　固定資産は、取得後長期的に使用していくため、継続的に管理することが必要です。固定資産を管理するためには、台帳上だけでなく、定期的に現物を確認しなければなりません。

①**実査の手順**

　現物管理として、定期的に実査をします。固定資産台帳の内容と現物が一致しているかを確認します。

　手順は、以下のようになります。

　①管理部門への実査依頼

　②実査報告を回収したうえで、固定資産台帳との内容確認

　③不一致の場合、内容確認および台帳更新

　④実査報告書作成および承認

②**実査のポイント**

　実査で現物を確認することにより、資産の使用状況、所在場所、故障、滅失の有無などを把握します。こうした状況を確認することにより、台帳を整備し、継続的に管理することが可能となります。

　また、遊休資産や陳腐化している資産なども把握し、除却や売却などの判断を行うことも、経営管理上必要となります。

ワンポイント

遊休資産の減価償却

　法人税法上、事業の用に供していない資産、つまり遊休資産については、原則として減価償却費を計上することはできません。

　ただし、いつでも稼動できるようメンテナンスが行われているものについては、減価償却費を計上できることとなっています。

例 題 ①

　固定資産台帳に関する記述として、適切なものを選びなさい。

［選択肢］

(1) 固定資産台帳は現物管理のための台帳であるため、実査の
　　さいに作成、更新すればよい。

(2) 固定資産台帳には、資産番号、名称、管理部署のほか、移
　　動や売却等の履歴も記載する。

(3) 固定資産台帳はあくまで帳簿上の残高であるため、現物と
　　は一致させる必要はない。

(4) 固定資産台帳に登録する資産は、建物、建物付属設備、工
　　具・器具・備品のほか、消耗品についても登録しなければな
　　らない。

解 説 ・・・

　それぞれ誤っている理由は、以下のようになります。

(1) 固定資産台帳は、固定資産を取得した場合や除却・売却した場
　　合について適宜作成、更新しなければなりません。

(3) 現物管理のため、固定資産台帳と現物を一致させるようにし、
　　不一致の場合は現状を把握し、台帳の更新等の対応をしなければ
　　なりません。

(4) 消耗品については必ずしも固定資産台帳を作成する必要はあり
　　ません。

解答　(2)

例 題 ❷

　固定資産の実査について、不適切なものを選びなさい。

［選択肢］

(1) 実査とは、固定資産台帳と現物を突合する手続きのことをいい、固定資産管理のうえで定期的に実施しなければならない。

(2) 実査のさいに、管理部署に協力を仰ぎ、実査報告書を回収しなければならない。

(3) 実査により、固定資産台帳と現物の状況とが不一致である場合は、状況を確認のうえ、固定資産台帳を更新する。

(4) 実査は現物を確認する作業であるため、現物の有無のみ確認すればよい。

解 説 ‥‥‥‥‥‥‥‥‥‥‥‥‥‥‥‥‥‥‥‥‥‥‥‥‥‥‥‥‥‥‥‥

　実査においては現物の有無の確認のみではなく遊休資産や陳腐化した資産なども含め現物の状況を把握し、当該資産の除却や売却等の判断をすることも、管理上必要となります。

解答　（4）

67

▶ 資産評価（減損）·····································

1 減損会計とは

　固定資産を現金（キャッシュフロー）を生み出すものと考え、当該資産が将来期待していた現金を生み出すことができなくなった場合に、評価損失を計上する会計手法です。

2 減損会計の流れ

　減損会計の適用の流れは、①資産のグルーピング、②減損の兆候の把握、③減損損失の認識、④減損損失の測定、⑤会計処理となります。

①資産のグルーピング

　複数の資産が一体となって独立したキャッシュフローを生み出す場合には、減損の兆候の把握、減損損失の認識の判定および減損損失の測定にさいして、合理的な範囲で資産のグルーピングを行う必要があるとされています。

　具体的には、収支のデータが、工場や店舗といった資産に対応して継続的に把握されている場合の区分などが考えられます。

②減損の兆候の把握

　当該資産のグループ等について、減損の兆候がある場合は、減損損失を認識するかどうかの判定を行うこととなります。減損の兆候の例としては、営業活動から生じる損益またはキャッシュフローが継続してマイナスである場合や、使用範囲または方法について回収可能価額を著しく低下させる変化、経営環境の著しい悪化、市場価格の著しい下落等の場合があります。

③減損損失の認識

　減損の兆候がある資産グループについて、減損の認識の判定を行います。資産グループから得られる割引前将来キャッシュフローの

総額が、現在の帳簿価額を下回っている場合に、減損損失を認識します。

④減損損失の測定

　減損損失の金額は、帳簿価額から回収可能価額を控除して算定します。回収可能価額とは、正味売却価額と使用価値のいずれか高いほうの金額となります。

正味売却価額 ＝ 当該資産の時価 － 処分費用見込額
使　用　価　値 ＝ 当該資産の継続的使用と使用後の処分によっ
　　　　　　　　　て生ずると見込まれる将来キャッシュフロー
　　　　　　　　　の割引現在価値

---

⑤会計処理

　減損損失を会計に反映させます。損益計算書への計上は、減損損失として原則的に特別損失に計上します。貸借対照表上への計上は、固定資産の簿価を減損損失の分だけ減額します（原則は直接控除形式）。

（仕訳例）

・原則的な処理（直接控除形式）

（借方）減損損失	××	（貸方）固定資産	××

・認められる処理

　①独立間接控除形式

（借方）減損損失	××	（貸方）減損損失累計額	××

　②合算間接控除形式

（借方）減損損失	××	（貸方）減価償却累計額	××

例 題 ①

　固定資産の減損会計について下記の文章に入る（　　）の組み合わせとして、正しいものを選びなさい。

　固定資産の減損会計の流れは、①資産のグルーピング、②（　ア　）、③（　イ　）、④（　ウ　）、⑤会計処理である。

［選択肢］
(1) ア：減損の認識　　イ：減損の兆候の把握　　ウ：減損の測定
(2) ア：減損の兆候の把握　　イ：減損の測定　　ウ：減損の認識
(3) ア：減損の兆候の把握　　イ：減損の認識　　ウ：減損の測定
(4) ア：減損の認識　　イ：減損の測定　　ウ：減損の兆候の把握

解 説 ………………………………………………………………………

減損会計の流れは、以下の通りとなります。
①資産のグルーピング
②減損の兆候の把握
③減損損失の認識
④減損損失の測定
⑤会計処理

解答　（3）

例題 ②

減損会計での減損損失の測定の説明に関し、下記の文章に入る（　　）の組み合わせとして正しいものを選びなさい。

回収可能価額は、（　ア　）と（　イ　）との（　ウ　）いほうの金額とする。

［選択肢］
(1) ア：市場価格　　　イ：使用価値　　　ウ：低
(2) ア：正味売却価額　イ：使用価値　　　ウ：高
(3) ア：市場価格　　　イ：正味売却価額　ウ：低
(4) ア：正味売却価額　イ：使用価値　　　ウ：低

解 説 ・・・

回収可能価額とは、正味売却価額と使用価値のいずれか高いほうとなります。

解答　(2)

ワンポイント

割引前キャッシュフローと回収可能価額

減損損失を認識するさいに使用する割引前キャッシュフローと、減損損失を測定するさいに使用する使用価値は、いずれも当該資産から将来得られるキャッシュフローの合計額を意味します。しかし、前者は現在価値に割り引く前のキャッシュフローであるのに対し、後者は現在価値で割り引いたあとのキャッシュフローとなります。

▶メンテナンス対応……………………………………

1 メンテナンス申請・実行

　固定資産は、その使用や時の経過による摩耗や故障等により適宜メンテナンスをする必要が生じます。ここではメンテナンス実行の流れについて説明します。

①メンテナンス申請

　固定資産について計画的または適宜メンテナンスを行うさいに、そのメンテナンスについて申請を行って承認を得る必要があります。申請のさいに、突発的に生じた故障については現状を確認し、定期的なメンテナンスについてはメンテナンス計画を確認します。

②メンテナンス実行

　メンテナンス申請について承認を得たあと、実際にメンテナンス発注を行います。発注のさいには、資産の購入時と同様に、複数の業者から見積りを入手して比較、検討します。

　実行後、メンテナンス申請内容と作業報告書や性能検査書等を照合し、メンテナンス実施内容を確認します。

2 会計処理

　メンテナンスや修繕を行った場合、会計処理としては、資本的支出か修繕費に該当するか判定する必要があります。

　メンテナンスや修繕＝費用処理というわけではなく、金額や内容によっては資産計上となる場合がありますので、十分な注意が必要です。

①資本的支出

　固定資産の修理、改良等の支出が、事実上、資産の使用可能期間を延長させるもの、もしくは資産の価額を増加させるものです。

②修繕費

　その支出が通常の維持管理に必要なもの、もしくは原状回復のために必要なものです。

　しかし、上記の資本的支出と修繕費の判断には困難をともなうことも多いため、法人税法上の形式基準による判断を取り入れている場合が多いようです。

　下記が、法人税法上の判定の流れとなります。

資本的支出と修繕費の判定基準

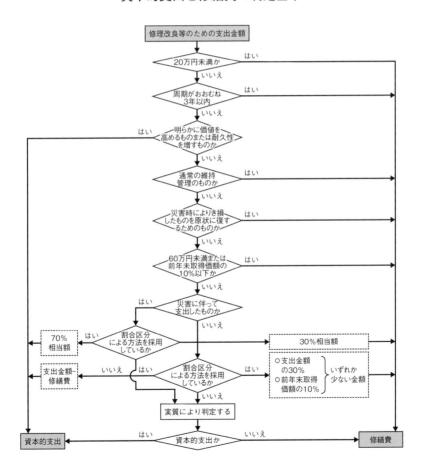

例題 ①

　下記の固定資産のメンテナンスについて、資本的支出と修繕費の判断についての正しい組み合わせを選びなさい。

　　ア　建物の避難階段の取付費用
　　イ　倉庫を事務所にするための内装工事に要した費用
　　ウ　建物の外壁の塗装の塗替費用

［選択肢］
(1)　ア：資本的支出　　イ：資本的支出　　ウ：資本的支出
(2)　ア：資本的支出　　イ：修繕費　　　　ウ：修繕費
(3)　ア：修繕費　　　　イ：資本的支出　　ウ：修繕費
(4)　ア：資本的支出　　イ：資本的支出　　ウ：修繕費

解 説 ・・・

　アとイは、新たに資産の価値を増加させることとなるため、資本的支出となります。

　ウは、現状を維持するものと考えられるため、修繕費となります。

解答　(4)

例 題 ②

　法人税法上の資本的支出と修繕費の判定について、誤っているものを選びなさい。

［選択肢］

(1) 改良に要した費用が20万円未満の場合は、修繕費とすることができる。

(2) おおむね3年以内の周期で修理や改良が行われている場合、修繕費とすることができる。

(3) 修繕費であるか資本的支出であるか明らかでない場合に、修繕費として処理することができる支出額の判定基準は、30万円未満である。

(4) その支出した金額が、その修理または改良等に係る固定資産の前期末の取得価額のおおむね10%相当額以下の場合は、修繕費とすることができる。

解 説 ....

　修繕費であるか資本的支出であるか明らかでない金額についての支出額の判定基準は、30万円未満ではなく、60万円未満となります。

解答　(3)

ワンポイント
耐用年数を経過した資産の修繕費

　法人税法上は、たとえ耐用年数を経過した資産について行った修繕や改良の支出についても、通常の判定方法によって資本的支出と修繕費の判定を行うこととされています。

● 資産の移動、売却、除却······················

1 固定資産の移動

　固定資産を移動する場合は、社内規程に従って承認を得たうえで移動させる必要があります。移動に合わせて、固定資産台帳についても更新する必要があります。

　また、資産の所在場所が変わることにより、固定資産税の申告についても考慮しなければなりません。

2 固定資産の売却、除却

①売却や除却の実行

　固定資産を売却または除却する場合には、まず社内規程に従って管理部署から申請し、これを承認する必要があります。売却や除却を検討するにあたっては、除却計画を確認したり、実行にあたっての費用を見積もる必要があります。

　また、実行した場合、除却や売却の証明となる資料を、引取業者や売却先から入手する必要があります。

②更新

　固定資産を売却・除却した場合には、実行した内容を管理部署から経理に報告します。報告の内容をもとに、経理では会計処理を行います。

　そのさい、あわせて固定資産台帳を更新します。証憑資料として、売却や除却の実行を証明する資料として、除却証明などの資料を添付します。

3 会計処理

①売却または除却による損失（損益）額の計算

　固定資産を除却した場合には、除却時の帳簿価額が除却損の金額

となります。売却した場合には、売却価額と売却時の帳簿価額との差額が売却損（または売却益）の金額となります。

以下に、具体例をあげてみます。

下記の資産を売却価額100,000円で売却した場合の仕訳例は、以下のようになります（消費税は考慮していません）。

（売却資産）

工具取得価額	1,000,000 円
売却時減価償却累計額	800,000 円

（仕訳例）

（借方）現預金　　　　100,000 円	（貸方）工具　1,000,000 円
減価償却累計額 800,000 円	
固定資産売却損 100,000 円	

②損益計算書への記載

固定資産を売却・除却したさいの損益については、原則として特別損益に計上します。ただし、金額に重要性がない場合には、営業外損益に計上することができます。

ワンポイント

有姿除却とは

固定資産について、廃棄や撤去等を行わずに、今後使用する見込みのない資産について、有姿のまま帳簿上だけで除却処理することをいいます。税務上においても、一定の要件を満たす場合には認められる処理となります。

例　題 ①

　固定資産の除却や売却について、誤っているものを選びなさい。

［選択肢］
(1) 固定資産の除却を行う場合は、社内規程に従って管理部署に申請を上げる必要がある。
(2) 固定資産の除却を行った場合、引取業者などから除却の証明となる資料を入手する必要がある。
(3) 固定資産の売却を行った場合、固定資産の取得価額と売却価額との差額が売却損益の金額となる。
(4) 固定資産の売却損益については、損益計算書上、特別損益または営業外損益に計上する。

解　説 ・・・

　固定資産の売却損益は、当該固定資産の売却時の簿価と売却金額との差額となります。

解答　(3)

例　題 ②

固定資産の売却損益の金額として、正しいものを選びなさい。

下記の資産を300,000円で売却（消費税は考慮せず）。
売却資産　取得価額　1,000,000円
　　　　　期首減価償却累計額　400,000円
　　　　　償却方法：定率法　耐用年数　5年（償却率0.400）
　　　　　取得日：R5/4月
　　　　　売却日：R6/12月　決算期：R7/3月期

［選択肢］
(1)　売却損　300,000円
(2)　売却損　 50,000円
(3)　売却損　120,000円
(4)　売却損　700,000円

解　説 ••

当期償却額　$(1,000,000 - 400,000) \times 0.400 \times \dfrac{9 \text{カ月}}{12 \text{カ月}} = 180,000$円

R6/12月時点簿価：$1,000,000 - 400,000 - 180,000 = 420,000$円
300,000円で売却しているため、
$300,000 - 420,000 = \triangle 120,000$円
120,000円の売却損となります。

解答　(3)

▶リース管理

1 リース取引の種類

　固定資産を自社で取得するのではなく、リースによって利用することがあります。

　リース取引とは、物件の所有権者が貸手となり、リース期間にわたってリース料を徴収することにより、物件の使用による経済的利益を借手に与える取引をいいます。

　リース取引は、大きく分けてファイナンス・リース取引とオペレーティング・リース取引に分類されます。

①ファイナンス・リース取引

　ファイナンス・リース取引とは、リース期間の中途において契約を解除することができないこと（中途解約不能）、リース会社がリース資産を使用するにあたって生じるコストをほぼ全額借手が負担すること（フル・ペイアウト）の2要件を満たすリースをいいます。ファイナンス・リース取引は、リース期間終了後に所有権が移転するか否かにより、所有権移転ファイナンス・リース取引と所有権移転外ファイナンス・リース取引に区分されます。

②オペレーティング・リース取引

　オペレーティング・リース取引とは、上記のファイナンス・リース取引以外のリースをいいます。

2 リース資産の管理

　リース資産については、所有権は貸手であるリース会社にありますが、借手であるユーザーがその資産を利用するため、自社においてリース資産の管理をする必要があります。

①台帳の作成と現物管理

　自社所有の固定資産の管理と同様に、台帳および現物の管理をす

る必要があります。リース資産台帳には、資産番号、名称、リース契約日、リース料支払日、リース料支払額、設置部署、管理部署等を記載します。

また、台帳管理だけではなく、定期的な実査など、現物も管理する必要があります。

②リース管理における留意点

リースは、物件が搬入され、ユーザーが瑕疵（欠陥）のないことを確認し、リース会社に物件借受証を発行したときから開始します。

また、リース資産の保守・修繕義務は、原則として利用者であるユーザーにあります。

さらに、リース資産が契約の中途においてリース会社、ユーザーのいずれの責任にもよらない事由で滅失、毀損した場合、その損害はユーザーが負担することになっています。

ワンポイント

リース取引の種類

リース取引は大きく分けて「ファイナンス・リース取引とオペレーティング・リース取引の2種類」に分類されます。

```
                        所有権移転
                      ┌ファイナンス・リース取引
  ┌ファイナンス・リース取引┤
  │                    │所有権移転外
  │                    └ファイナンス・リース取引
  └オペレーティング・リース取引
```

3 リース会計基準

①内容

　所有権移転外ファイナンス・リース取引に関しては、一定の注記を要件として賃貸借処理が認められていましたが、原則として売買処理となっています。従来の処理では、リース取引は資産・負債を計上しない（オフバランス）ものが、適用後は資産・負債を計上する（オンバランス）こととなります。

②対象となる会社

　対象は、上場会社等、会社法上の大会社（資本金5億円以上または負債総額200億円以上の会社）および連結子会社・持分法適用会社です。

　上記以外の中小会社は、引き続き従来通り賃貸借処理が可能となっています。

③例外

　以下の取引に関しては、引き続き賃貸借処理が可能となっています。

・1件当たりのリース料総額が300万円以下のリース取引

・リース期間が1年以下のリース取引

・個々のリース物件のリース料総額が、購入時に一括費用処理する
　基準額以下（少額資産）のリース取引

例　題　①

　リース取引について、下記文章に入る語句で適切な組み合わせを選びなさい。

　リース取引には、大きく分けて（　①　）と（　②　）に分類され、（　①　）の2つの要件として、（　③　）と（　④　）があり、（　②　）は（　①　）以外のリース取引をいいます。

［選択肢］
(1)　①ファイナンス・リース　②オペレーティング・リース
　　　③中途解約不能　④フル・ペイアウト
(2)　①オペレーティング・リース　②ファイナンス・リース
　　　③中途解約不能　④フル・ペイアウト
(3)　①ファイナンス・リース　②オペレーティング・リース
　　　③所有権移転　④フル・ペイアウト
(4)　①オペレーティング・リース　②ファイナンス・リース
　　　③所有権移転　④フル・ペイアウト

解　説

　ファイナンス・リース取引の要件として、①リース期間の中途において契約を解除することができないこと（中途解約不能）、②リース会社がリース資産を使用するにあたって生じるコストのほぼ全額を借手が負担すること（フル・ペイアウト）の2要件があります。
　オペレーティング・リース取引とは、ファイナンス・リース取引以外のリース取引をいいます。

解答　（1）

例題 2

　リース管理について、不適切なものを選びなさい。

［選択肢］

(1) リース資産については、自社所有の固定資産と同様の台帳を作成する必要がある。

(2) リース資産については、当該物件を維持管理する義務はユーザーにある。

(3) リース資産の所有権は貸手にあるため、現物管理までする必要はない。

(4) リース資産が搬入され、ユーザが瑕疵のないことを確認し、リース会社に物件借受証を発行する。

解 説 ……………………………………………………………

　リース資産は、所有権は貸手であるリース会社にありますが、物件を使用し、物件の維持管理をする義務は借手であるユーザーにあるため、通常の自社所有の固定資産と同様に現物を管理する必要があります。

解答　（3）

▶固定資産税申告・納付……………………………

1 固定資産税とは

固定資産税とは、その年の1月1日現在の固定資産（土地・家屋・償却資産）の所有者に対して課される税金です。固定資産税の課税団体（租税を課する権限を与えられた団体、つまり課税する側）は、固定資産の所在する市町村となります。

なお、固定資産税の課される償却資産とは、毎年1月1日現在所有する土地および家屋以外の事業の用に供することができる資産で、その減価償却費が法人税または所得税法の規定による所得の計算上、損金または必要な経費に算入されるものをいいます（ただし、鉱業権、特許権等の無形固定資産や、自動車税・軽自動車税の課されるものなど、一定のものは除きます）。

2 納付方法

固定資産税は、市町村からの通知によって納付することになります。これを賦課課税方式といい、国または地方公共団体が税額を計算し、納税者に通知し、その通知によって納税する制度をいいます。

固定資産税については、毎年、4月以降に市町村から固定資産の所有者に対して納税通知書が送付されます。これをもって、納税者は、通常年4回に分けて納税することとなります（一括納付も可能）。

3 課税標準および税率

固定資産税の課税標準（税額計算の基礎となる金額）は、原則として固定資産の価格で、毎年3月末に市町村長が決定し、固定資産課税台帳（固定資産の状況や価格を明らかにするために、市町村において作成される台帳。閲覧も可能）に登録します。土地と家屋については3年に1度、償却資産については毎年度評価替えが行われます。

　税率は原則として1.4％です。なお、免税点があり、課税標準額の合計額が、土地については30万円未満、家屋については20万円未満、償却資産については150万円未満の場合については、課税されません。

4 都市計画税

　都市計画税とは、都市計画事業または土地区画整理事業に要する費用にあてるために、目的税として課税されるものです。

　固定資産税とともに賦課徴収されます。ただし、償却資産に対しては課税されません。

5 固定資産税の申告

　償却資産については、その所有者が毎年1月1日現在に所有している資産について、その年の1月31日までに申告する必要があります。申告書には、資産の所在地、種類、数量、取得時期、耐用年数等、自治体による償却資産台帳の登録および償却資産の価格の決定に必要な事項を記載します。

　なお、申告にあたっては、固定資産台帳等の管理台帳と申告書の整合性を確認することが重要となります。

ワンポイント
少額減価償却資産の償却資産税での取扱い

　法人税法上の規定により、10万円未満の減価償却資産について消耗品等により費用処理しているものや、20万円未満の減価償却資産について一括償却資産として3年間で償却しているものは、償却資産税は課税されません。ただし、上記の処理をせずに固定資産として減価償却している場合については、たとえ少額減価償却資産であったとしても、課税されることとなります。

例 題 ①

固定資産税の賦課期日を選びなさい。

［選択肢］
(1) 12月31日　　　(2) 1月1日
(3) 3月31日　　　(4) 4月1日

解 説 ………………………………………………………………

固定資産税の賦課期日は、毎年、1月1日であり、1月1日現在において所有する固定資産（土地、家屋、償却資産）について、その所在地の市町村により、当該固定資産の所有者に課税されることとなります。

解答　(2)

例 題 ②

固定資産税の免税点について、正しい組み合わせを選びなさい。

［選択肢］
(1) 土地150万円　　家屋50万円　　償却資産140万円
(2) 土地100万円　　家屋50万円　　償却資産150万円
(3) 土地50万円　　　家屋20万円　　償却資産140万円
(4) 土地30万円　　　家屋20万円　　償却資産150万円

解 説 ………………………………………………………………

固定資産税については免税点があり、課税標準額の合計がそれぞれ次の金額未満である場合は、課税されません。

土地　　　　　30万円
家屋　　　　　20万円
償却資産　　150万円

解答　(4)

第5節
ソフトウェア（クラウドサービス）

▶制作

1 ソフトウェアの範囲

　ソフトウェアとは、コンピュータを機能させるように指令を組み合わせて表現したプログラム等のことをいい、その範囲は以下の通りです。

　①コンピュータに一定の仕事を行わせるプログラム

　②システム仕様書、フローチャート等の関連文書のプログラム

　ソフトウェアを制作する場合には、その目的が何であるか、採算はとれるのかなどのシミュレーションを行い、分析が必要です。そのうえで、ソフトウェアの制作実行に移ります。

　ソフトウェアに関しては、制作目的の違いにより、その資産区分や会計処理が異なります。

2 制作目的

　ソフトウェアについては、制作目的により、費用処理をしたり、固定資産の計上をしたり、ソフトウェアの完成後の処理区分が異なってきます。そこで、ソフトウェアの制作目的を確認しておくことは、非常に重要なポイントになります。

　ソフトウェアの制作目的には、以下のようなものがあります。

①受注目的

　特定のユーザー向けにソフトウェアを制作し、納品することを目的とします。

②市場販売目的

不特定多数のユーザー向けに開発した各種ソフトウェアを納品することを目的とします。

③自社利用目的

自社の社内業務等に使用する目的で制作します。

3 制作目的による会計処理の違い

ソフトウェアの会計処理は、制作目的によって異なります。

目　　的			会計処理
受注目的			成果物の提供の 完了前…仕掛品 完了後…売上原価
研究開発			研究開発費
研究開発以外	市場販売目的	マスター制作費	ソフトウェア
		上記以外 （紺持管理等）	費用
	自社利用目的	収益獲得又は 費用削減が確実	ソフトウェア
		上記以外	費用

なお、会計上は費用処理をした場合でも、税務上は無形固定資産のソフトウェアに該当することもあります。

4 研究開発のためのソフトウェア

研究とは、新しい知識の発見を目的とした計画的な調査および探求をいいます。また、開発とは、新しい製品・サービス、生産方法の計画等について、研究の成果やその他の知識を具体化することとされています。

研究・開発の具体例として、従来にはない製品・サービスに関する発想を導き出すための調査・探求などがあります。

例題 ①

　ソフトウェアを顧客からの受注により制作を行い、納品が完了した場合には、その完成品を計上する科目として、適切なものを次の選択肢のなかから選びなさい（完成品は納品が終了しているものとします）。

［選択肢］
(1)　研究開発費
(2)　仕掛品
(3)　売上原価
(4)　ソフトウェア

解 説

　受注目的で制作されるソフトウェアは、ソフトウェアが未完成であれば仕掛品へ、製品が完成して納品が完了段階で売上原価に計上されることになります。

解答　(3)

例題 ②

　ソフトウェアを、自社で利用することを目的として制作した場合に、その完成したソフトウェアを計上する科目として、適切なものを次の選択肢のなかから選びなさい。

［選択肢］
(1)　研究開発費
(2)　仕掛品
(3)　売上原価
(4)　ソフトウェア

解説

　自社利用のソフトウェアを制作した場合において、将来の収益獲得等が確実なものについては、ソフトウェアとして無形固定資産に計上することになります。

　なお、将来の収益獲得等が確実ではないと認められる場合には、費用処理をすることになります。

解答　(4)

ワンポイント

税務上の扱い

　自社利用のソフトウェアについて、将来の収益獲得に貢献しないものとして会計上費用処理したものについても、税務上は無形固定資産の扱いとなります。

　この場合には、会計上と税務上の間で利益に差額が生じてしまうため、税務申告上は一定の調整を行うことになります。

▶残高管理···

1　ソフトウェアの残高管理

　ソフトウェアの残高管理を行うために、管理台帳を作成します。
　台帳には、番号、名称、種類、取得日、取得価額、数量、償却方法、耐用年数等を登録し、ソフトウェアの新規の購入、除却または現状の変更などを行ったさいに、つねに現状の残高を把握できるようにしておくことが必要です。

2　バージョンアップと資本的支出

①利便性を向上させる場合

　販売目的や自社利用目的で制作されたソフトウェアの価値を高めるために行われたバージョンアップ（ソフトウェアの価値を高めるための作業で、残存有効期間の増加等の効果が期待できる）で、新たに機能を追加したり、利便性を向上させるなどした場合の支出に関しては、資本的支出として資産計上され、そのバージョンアップを行ったソフトウェアの未償却残高に合算します。

②収益獲得に効果がある場合

　自社利用目的のソフトウェアに関して、バージョンアップによって費用削減や新たな収益獲得に効果がある場合には、その自社利用目的のための支出は資本的支出として資産計上します。

3　ソフトウェアの除却

　ソフトウェアの除却は、税務上、以下のような場合に認められます。その場合において、ソフトウェア自体は無形のものであるため、除却したことを明らかに示す証拠を保存する必要があります。

①**自社利用のソフトウェア**

　そのソフトウェアによるデータ処理の対象となる業務が廃止され、当該ソフトウェアを利用しなくなったことが明らかな場合、またはハードウェアやオペレーティング・システムの変更等によってほかのソフトウェアを利用することになり、従来のソフトウェアを利用しなくなったことが明らかな場合に認められます。

②**市場販売目的のソフトウェア**

　新製品の出現、バージョンアップ等により、今後、販売を行わないことが社内稟議書や販売流通業者への通知文書等で明らかな場合に認められます。

```
┌─────────────────────────────────────────────┐
│           ソフトウェア管理のポイント              │
│  ┌──────────┐  ┌──────────┐  ┌──────────┐    │
│  │ 残高の把握 │  │取得目的による│  │除却時の証拠保存│   │
│  │          │  │   区　分   │  │          │    │
│  └──────────┘  └──────────┘  └──────────┘    │
└─────────────────────────────────────────────┘
```

4　実地調査

　ソフトウェアは、取得や除却等を固定資産台帳等において管理することになりますが、台帳上だけではなく、定期的に実地調査を行い、利用状況等を確認する必要があります。

例題 ①

　無形固定資産として利用されているソフトウェアを除却する理由として適切なものは、次の選択肢のうちどれか。

　なお、除却の基準は会計と税務で一致していることを前提とする。

［選択肢］

(1) 支店の移設にともなって一時的に利用を休止している。

(2) ハードウェアの変更にともなって新しいソフトウェアを使用することになり、従来のソフトウェアが使用できなくなった。

(3) 従業員の減少によって一時的にソフトウェアの利用を休止している。

(4) ソフトウェアが完成しているが、まだ稼動していない状態である。

解説

　ソフトウェアの除却に関しては、ソフトウェア自体が無形のものであるため、除却の理由や除却したこと等を明らかに示す証拠を保存する必要があります。

　購入後、未稼動の固定資産については、減価償却費の計上をその稼動月から計算する必要があります。

解答　(2)

▶減価償却費管理••••••••••••••••••••••••••••••••

1 減価償却費の計算

　ソフトウェアに関しては、その取扱いが企業会計上と税務上で異なっています。

　企業会計上では、特定の研究開発の目的で開発されたソフトウェアに関しては、研究開発費として一括処理しますが、税務上は無形固定資産として取り扱われ、その用途区分によって耐用年数が異なります。

　したがって、資産として計上される金額がそれぞれ異なるため、企業会計上と税務上の資産管理を別々に行う必要があります。

企業会計上と税務上の処理方法の違い

用途区分		企業会計上	税務上
研究開発用		費用処理	定額法（3年）
研究開発以外	複写して販売するための原本	原則3年以内で償却	定額法（3年）
	自社利用目的	原則5年以内で償却	定額法（5年）

2 ソフトウェアの償却方法

　償却方法は定額法であり、償却額は下記の算式により計算します。

> 当期償却額
> ＝取得価額×定額法の償却率

3 減価償却費の計上方法

　減価償却費の計上方法については、固定資産から直接減額する方法（直接控除法）のみとなります。

　仕訳例は、以下の通りです。

（借方）減価償却費×××	（貸方）ソフトウエア　×××

4 決算数値との整合性の確認

　決算にあたり、試算表の数値と固定資産台帳の数値が一致しているかを確認します。期中に償却費を月割計上している場合などには残高不一致が生じていたりしますので、早めに修正しておく必要があります。

　残高確認例は、以下の通りです。

貸借対照表

ソフトウェア　　100,000

（一致）

固定資産台帳（ソフトウェア）

名称	取得価額	期首残高	減価償却費	期末残高
A 開発費				
B 開発費				
合計			10,000	100,000

（一致）

損益計算書

減価償却費　　10,000

例 題 ①

　決算にあたり、ソフトウェアの減価償却費を計上する場合の
仕訳について、（　　）に入る適切な勘定科目を選びなさい。

（借方）減価償却費　　2000	（貸方）（　　　　　　）　　2000

［選択肢］
(1) 減価償却累計額
(2) 仕掛品
(3) 売上原価
(4) ソフトウェア

解 説 ••

　ソフトウェアの減価償却費を計上する場合には、固定資産（ソフ
トウェア）勘定を直接減額させます。

解答　（4）

例 題 ②

　決算にあたり、前期に取得したソフトウェアの減価償却費を計算することになった。取得価額1,000千円、5年で償却するとした場合に、当期に計上するべき減価償却費は、次の選択肢のうちのどの金額になるか選びなさい。

　なお、当期における月数は12カ月とする。

［選択肢］
(1)　100千円
(2)　200千円
(3)　300千円
(4)　400千円

解 説 ・・・

　ソフトウェアの減価償却費は、定額法により計算します。上記の場合の償却費の計算は、以下の通りとなります。

　1,000千円×0.2（定額法の償却率）＝200千円

解答　(2)

ワンポイント

減損会計

　減損会計とは、資産の収益性が低下した場合等の理由により、投資額の回収が見込めなくなった場合に、一定の回収可能額まで帳簿価額を減額させる処理をいいます（68ページ参照）。

　ソフトウェアについても、無形固定資産であるため、減損会計の対象資産に含まれています。

▶ クラウドサービス……………………………………

1 クラウドサービス取引の概要

　「クラウドサービス利用のための情報セキュリティマネジメントガイドライン」2013 年度版（経済産業省）では、クラウド・コンピューティング等は以下のとおり定義されています。

　クラウド・コンピューティングとは、共有化されたコンピュータリソース（サーバ、ストレージ、アプリケーションなど）について、利用者の要求に応じて適宜・適切に配分し、ネットワークを通じて提供することを可能とする情報処理形態で、ネットワークサービスの一つとされています。そして、クラウド・コンピューティングの形態で提供されるサービスをクラウドサービスといいます。

　また、当該ガイドラインにおいてクラウドサービスについては、以下のように分類されています。

クラウドサービスの分類	サービス内容
SaaS 「Software as a Service」	ネットワークを介して、すぐに使えるアプリケーションやデータベースを提供するもの
PaaS 「Platform as a Service」	ネットワークを介して、オペレーティングシステム、データベース、開発環境、実行環境を提供するもの
IaaS 「Infrastructure as a Service」	ネットワークを介して、CPU、メモリ、ストレージ、ネットワークなどのハードウェアのリソースを提供するもの

例 題 ①

　クラウドサービスで、ネットワークを介して、すぐに使える
アプリケーションを提供するものとして、最も適切なものを1
つ選びなさい。

［選択肢］
(1) IaaS（Infrastructure as a Service）
(2) PaaS（Platform as a Service）
(3) MaaS（Mobility as a Service）
(4) SaaS（Software as a Service）

解 説

　IaaSは、ネットワークを介して、CPU、メモリ、ストレージ、ネットワークなどのハードウェアのリソースを提供するクラウドサービスです。

　PaaSは、ネットワークを介して、オペレーティングシステム、データベース、開発環境、実行環境を提供するクラウドサービスです。

　MaaSは、地域住民や旅行者一人一人のトリップ単位での移動ニーズに対応して、複数の公共交通やそれ以外の移動サービスを最適に組み合わせて検索・予約・決済等を一括で行うサービスです。

　SaaSは、ネットワークを介して、すぐに使えるアプリケーションやデータベースを提供するクラウドサービスです。

解答（4）

第2章
決 算

第1節
月次業績

▶ 月次決算

1 月次決算とは

　事業年度末における決算作業とは別に、会社は主として経営管理の目的で月次決算を実施します。

　月次決算は、法律に基づいて実施されるものではないので、計上基準はある程度、会社の判断で実施することができます。

　月次決算は、以下のような目的で実施されます。

決算の早期化	年度損益の予想
予算実績管理	営業活動の変化の把握

2 月次決算の実施

①月次決算における決算整理

　月次決算は、決算期における決算のように法律的な規制はないため、計上基準は会社が独自に決めることができます。月次決算の本来の目的である経営判断資料の早期作成ということを踏まえて、正確性よりも、明確でわかりやすい基準で処理する会社が多いようです。

②現金・預金勘定の確認

　月次決算は、まず、現金・預金勘定を合わせる作業から実施します。未取付小切手（振出し後に換金されていない小切手）等がある

場合には、銀行勘定調整表を作成し、預金残高と勘定残高の差額を把握するようにします。

③仮勘定の整理

仮払金や仮受金等を適正な科目へ振り替えます。

④減価償却費の計上

月末において所有する固定資産につき、当月分の減価償却費を計上します。年間分の減価償却費を月数按分して、端数を年度末に調整する方法が多く採用されています。

⑤各種引当金の計上

賞与引当金や退職給付引当金等は、支給月や年度末に大きな金額が計上されることが予想されますので、損益状況の実態を把握しやすくするために、年間の概算予想額を月数按分したり、前期計上金額を仮の金額として計上するなど、月次決算において、概算金額を計上しておきます。

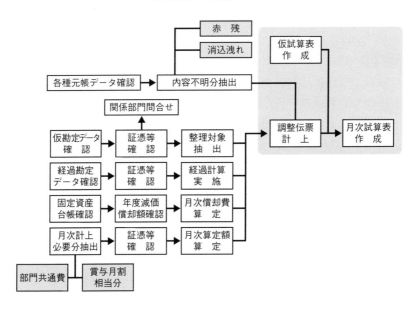

月次決算の業務フロー

例題 ①

　月次決算にあたり、会社の試算表と銀行の残高に不一致が生ずる場合に、その残高不一致の原因を検証するために作成する帳票は次のうちどれか。適切なものを選びなさい。

［選択肢］
(1) 総勘定元帳
(2) 銀行勘定調整表
(3) 合計残高試算表
(4) 売掛金回収予定表

解 説 ……………………………………………………………

　銀行の残高と試算表の残高が不一致の場合には、銀行勘定調整表を作成して残高不一致の原因を検証します。銀行勘定調整表を作成した結果、原因は会社側の処理漏れと、銀行側の処理のタイミングの違いとの2種類に分かれます。

　このうち、会社側の処理漏れの場合には、速やかに適切な処理をし、銀行側の処理が原因の場合には、差異の内訳等を把握しておきます。銀行側の処理が原因の場合には、未取付小切手や夜間金庫への現金の預入れの記帳が翌日にずれ込むこと等が想定されます。

解答　(2)

例 題 ②

　固定資産を取得する場合に、工事などが未完了の時点で、その固定資産を取得するために支出した金額を仮に計上しておく科目として使われるものは次のうちどれか。適切なものを選びなさい。

[選択肢]
(1) 仮受金
(2) 仮払金
(3) 建設仮勘定
(4) 未成工事支出金

解 説 ┄┄┄┄┄┄┄┄┄┄┄┄┄┄┄┄┄┄┄┄┄┄┄┄┄┄┄┄┄┄

　月次決算では、計上科目が決まらずに仮計上しているものの精査を行う作業が重要ですが、建設仮勘定は科目が決まらない費用等を一時的に計上する科目ではなく、未完成の固定資産に関する費用を計上する科目です。

　なお、未成工事支出金は建設会社等が未完成の製品（工事）のために支出する費用を計上する科目で、完成、引渡し後は売上原価に振り替えられます。

解答　(3)

ワンポイント

未取付小切手

　未取付小切手とは、小切手を振り出して相手先に渡されているもののうち、小切手の受取人が銀行に小切手を持ち込まないなどの理由により、当座預金から引落しがされていないものをいいます。

　会社は小切手を振り出すときに、当座預金を減少させる伝票を起票しますので、この未取付小切手が残ると、当座預金の元帳と銀行の残高に不一致が生ずる原因になるのです。

▶ 業績分析・・・

1 予算対比資料の作成

①予算対比資料の目的

　年度予算を月次に展開し、月次決算の段階で予算（予想）の数字が達成できているかを確認し、年度予算が達成できるかどうかの検討を行います。

　月次で予算（予想）の達成ができていない場合、その差異を分析し、翌月以降において対策を立てたり、年度予算の修正をしたりします。

②予算対比資料の作成

　月次で作成した財務諸表をもとに、予算と月次実績を比較した表を作成します。増減額のほか、達成率等を記載すると、分析がしやすくなります。

　会社全体の表を作成し、必要に応じて部門別や科目別の実績対比表を作成します。

　また、資金収支計画についても、予算と実績を比較し、予算よりも収支が悪化している場合などは、資金の手当てが必要かどうかの検討を行います。

2 前年対比資料の作成

①前年対比資料の目的

　当期の実績と前年同月との比較を行い、当期における営業状態の変化や営業成績を悪化させている原因等を分析するために作成されます。

②前年対比資料の作成

　前年のデータを参考に、当期実績と前年同月実績を比較した表を作成します。

　対前期比の比率が大きいものについて、予想していた変化なのかなどの内容の分析を行います。

3 月次業績の報告

　役員会や経営会議などにおいて、月次業績の報告をします。経営者が経営判断を正確に行えるように、明確にわかりやすく説明する必要があります。

予算実績の前年同期比較表例

	実績	予算	差額	予算比率	前年同月	増減額	前期比率
売上高	100	80	20	125%	70	30	143%
営業利益	20	15	5	133%	14	6	143%
経常利益	15	10	5	150%	11	4	136%

4 予算の見直し

　予算と実績に差額がある場合には、差額の内容について分析を行います。分析の結果、必要に応じて予算の見直しを行います。

　予算の見直しは、見直すべき部分の根拠を確認したうえで、関係部署へのヒアリングを行い、修正予算を策定します。

　修正予算を策定した場合には、その修正後の予算が達成可能であるかどうかの実現性を検証する必要があります。

ワンポイント

予算とは

　会社が事業年度の開始にあたり、売上や経費等の計画を立て、その事業年度の目標を設定することをいいます。

　上場会社等は、決算発表において、翌事業年度の計画数値を発表していますので、予算と実績の管理は非常に重要なものとなります。

例題 ①

　月次業績資料として作成する書類のうち、当期において計画した年度の損益が、実際に到達することができるかどうかを把握するための資料として作成されるものは次のうちどれか。

［選択肢］
(1) 予算実績対比表
(2) キャッシュフロー計算書
(3) 株主資本等変動計算書
(4) 前期比較損益計算書

解 説 ・・

　会社が業績管理をするための資料は、とくに法律等での定めはないため、会社の任意で資料を作成することになりますが、一般的なものとして、前期比較財務諸表、予算実績対比表、資金収支実績表等があります。このうち、当期の計画と月次での損益の推移を比較するために作成される資料が、予算実績対比表と呼ばれるものです。

　キャッシュフロー計算書は、上場企業が作成を義務づけられている財務諸表の1つで、株主資本等変動計算書は、会社法において作成が義務づけられている財務諸表の1つです。

解答　(1)

例題 ②

　月次業績資料のうち、会社の損益の状況を前年度と比較する場合に作成する前期比較損益計算書について、当期の月数が令和6年4月〜令和6年9月とすると、比較する前年度の月数は次のうちどれか。

［選択肢］
（1）令和6年4月〜令和6年6月
（2）令和5年4月〜令和6年3月
（3）令和5年3月末
（4）令和5年4月〜令和5年9月

解 説 ……………………………………………………………………

　前期比較損益計算書は、当期の損益の状況と前期の損益の状況を比較して、内容にどのような変化があったのかを把握するために作成される資料です。このため、比較対象となる期間は当期と前期は同じ期間で比較する必要があるのです。

　なお、前期比較貸借対照表の場合には、一般的には当期首との比較を行います。これは、当期において資産・負債にどのような変化があったのかを把握し、財政状態を確認するためです。

解答　（4）

第2節

単体決算

▶ 決算準備······························

1 決算方針の策定

　決算作業に入る前に、会社の決算方針の確認を行います。会計処理が変更になる場合には、事前に監査役、会計監査人などと協議しておくことも必要です。

　また、新たな会計基準適用の有無についての確認も行います。税務上の取扱いについても、税制改正があった場合の内容を確認します。

　決算方針の策定には、配当方針の策定も含まれています。配当方針の策定は、決算数値の予測をし、配当可能な金額（分配可能額）を算定して、決算後の配当金額をいくらにするかという手順により策定されます。分配可能額は、会社法で算定方法が定められています。

2 決算スケジュールの作成

　前年の決算スケジュールなどを参考にして、当期の決算スケジュールを作成します。また、関係各部署に対して、決算に使用するデータや伝票の締切日等を通知して、スケジュールに無理がないかを事前に打ち合わせておきます。

　株主総会の開催予定日や決算発表日等から逆算して、最終試算表の締切日等を決めていきます。

3 担当者の確認

　月次作業での担当に加えて、決算作業での担当者を決めていきます。引当金、税効果、その他の決算項目について担当者を決める必要

があります。各科目の勘定明細表の担当割も、同様に決めておきます。

　下記のような表で作業日程の管理をしておくと、作業がとどこおりなく進みます。

決算業務分担表

	社員A	社員B	社員C
4/1　木	↕ 現金	↕ 預金	↕ 有価証券
4/2　金			
4/3　土			
4/4　日			
4/5　月	↕ 売上・売掛金	↕ 立替経費精算	↕ 仮払金・立替金
4/6　火			
4/7　水		↕ 未払費用	賞与引当金 退職給付引当金
4/8　木	↕ 買掛金		
4/9　金		↕ 貸倒引当金	
4/10 土			
4/11 日			
4/12 月	↕ 税金計算	↕ 科目明細	↕ 残高照合
4/13 火		↕ 税効果	↕ 試算表確認

決算方針策定業務フロー

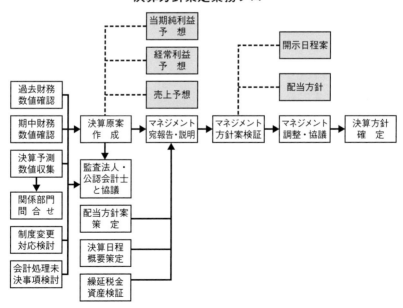

例題 ①

　決算準備の段階において、企業が獲得した利益のうち、株主に対して出資した資本に対する報酬として、獲得利益のどのくらいを分配するのかを策定することを何と呼ぶか。次のうちから選びなさい。

［選択肢］
(1)　引当金計上基準の策定
(2)　棚卸資産の評価基準の策定
(3)　配当方針の策定
(4)　役員賞与の策定

解説‥‥‥‥‥‥‥‥‥‥‥‥‥‥‥‥‥‥‥‥‥‥‥‥‥‥‥‥‥‥

　決算準備の段階で、企業が獲得した利益のうち、出資者である株主に対し、その拠出資本に対する配当をどのくらい行うのかを事前に検討します。

　配当金額の予想を行うにあたっては、会社の決算予想値に基づいて分配可能額を計算し、配当金額と内部留保金額の策定を行います。

解答　(3)

ワンポイント

分配可能額

　株主に対して支払われる配当金は、会社が儲けた利益等を原資として支払われますが、無制限に支払うと会社の営業活動に必要な資金が流出してしまう可能性があるため、会社法では一定の算式により算出した金額までしか配当金として支払うことを認めていません。

例 題 ②

　会社が、その保有する債権のうち、貸倒れ等の損失に備える
ため、一定の基準により計上する引当金は次のうちどれか選び
なさい。

［選択肢］
(1)　退職給付引当金
(2)　賞与引当金
(3)　貸倒引当金
(4)　返品調整引当金

解 説 ……………………………………………………………

　会社が、保有する債権の貸倒れに備えるため、一定の基準によっ
て計上する引当金を貸倒引当金といいます。

　貸倒引当金には、貸倒れの可能性の大きさにより、一般債権、貸
倒懸念債権、破産更生債権等の種類に分けられます。

　決算準備の段階においては、保有する債権について回収の可能性
を検討し、個々の債権がどの分類に属するか、回収可能性をどのよ
うに算出するかなどを検討しておく必要があります。

解答　(3)

▶ 決算手続き・・

1 売上高と売上原価の確定

①売上高の確定

　決算期において販売、役務の提供等が終了しているものについて、売上の計上をします。締め後の計上漏れには注意が必要です。

　また、個別に原価管理などをしている場合には、期末棚卸在庫数と当期に出庫(売上)した個数に整合性があるかの確認等を行います。

②売上原価の確定

　売上原価の算出方法について、自社の原価基準を確認し、当期における仕入高の確定、期末棚卸の調整をして原価の確定をします。

　個別に原価の算定ができる場合には、売上高との整合性を確認することも必要です。売上原価は、以下の算式に表すことができます。

当期売上原価＝期首棚卸高＋当期仕入高－期末棚卸高

売上原価の構成

期首棚卸高	売上原価
当期仕入高	期末棚卸高

③共通費配賦

　売上高に直接賦課することができる直接費に対し、直接賦課できない費用を共通費といいます。

　決算期において、この共通費を一定の基準で原価に配分します。配賦基準は、会社ごとに実態に合わせて決められています。

2 仮勘定・経過勘定・長短債権債務の整理

①仮勘定の整理

　仮払金、仮受金等、一時的に仮計上している科目について、適正

な科目への振替処理を行います。

②経過勘定の整理

　翌期の費用や収益に該当するもの等、期間のずれを調整するために使用される科目を経過勘定といいます。経過勘定には、前払費用や未払費用、未収収益や前受収益があります。

③長短債権債務の整理

　長期貸付金や長期借入金、長期前払費用や長期前受収益など期間が複数年にまたがるもののうち、1年以内に決済されるものや1年以内に費用または収益に計上されるものに関して、固定資産・固定負債から流動資産・流動負債へ振替えを行います。

3 勘定科目の精査

　各勘定科目を確定するにあたり、科目内訳表等の補助簿と帳簿残高・残高内訳を照合します。内容間違い・不明のものや長期間滞留しているものがないか確認するとともに、適宜、適切な勘定科目への振替えを行います。

4 引当金の計上

　決算の最終段階では、各種引当金の計上を行います。引当金は経費や損失の金額を予想してあらかじめ計上しておくもので、代表的な引当金としては、以下のものがあげられます。

①貸倒引当金

　貸倒引当金とは、債権の貸倒れに備え、予測される損失額について計上する引当金のことをいいます。債権を大きく3つ（一般債権、貸倒懸念債権、破産更生債権）に区分して、それぞれの区分に応じた引当率（貸倒実績率）を債権の残高に乗じて引当金額を算出します。

②賞与引当金

　賞与引当金とは、翌期に支払う賞与のうち、当期の労務提供に対応する金額を見積もって計上する引当金です。賞与の基準となる支

給対象期間等を基準に、賞与の見積額を計算します。

③退職給付引当金

退職給付引当金とは、従業員の退職に備えるため、期末において発生していると認められる退職金の金額を計上するものです。

退職金の支給形態は、おもに一時金による支給部分と企業年金による支給があるので、会社の退職金制度によって、それに基づく計算方法を採用します。

いずれの決算手続きにおいても、算出根拠となる資料の金額・内容を確認するとともに、処理後の会計上の金額と照合し一致していることを確認することが大切となります。

決算手続きの業務作成フロー

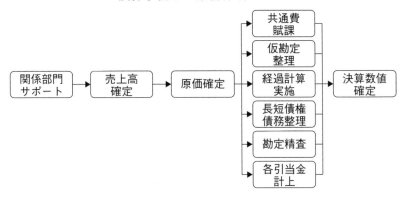

ワンポイント

企業年金

年金制度には、厚生年金、国民年金、共済年金等の公的年金と、確定給付企業年金、企業型確定拠出年金等の企業年金と呼ばれるものがあります。

この企業年金の部分は、退職給付引当金の対象となるものがあるので、会社が企業年金に加入している場合には、その内容に精通しておく必要があります。

例題 ①

　売上原価の確定をするためには、期末における棚卸資産の残高を確定する必要があるが、期末において算定される棚卸資産の計上基準のうち、先に仕入れたものを先に払い出す基準として使われるものを選びなさい。

［選択肢］

(1)　先入先出法　　　　(2)　最終仕入原価法

(3)　移動平均法　　　　(4)　総平均法

解説

　棚卸資産の計上基準は、期末棚卸の金額を確定させるとともに、その棚卸資産の残高が事業年度の売上原価に影響するため、計上基準の確認とその計算方法を確認しておくことは非常に重要です。

　なお、その事業年度の売上原価の算出は、次の算式で計算されます。

売上原価＝期首棚卸高＋当期仕入高－期末棚卸高

解答　(1)

例題 ②

　引当金のうち、従業員の退職に備えるため、期末において発生していると認められる金額を計上するものは次のうちどれか。

［選択肢］

(1)　貸倒引当金　　　　(2)　退職給付引当金

(3)　賞与引当金　　　　(4)　投資損失引当金

解説

　退職給付引当金とは、従業員の退職に備えるため、期末に発生していると認められる退職金の金額を計上するものです。退職金の支給形態は、おもに一時金による支給と企業年金による支給があるので、会社の退職金制度によって、それに基づく計算方法を採用します。

解答　(2)

▶役員報告 ·······························

1 取締役会で承認が必要な書類

取締役会を設置する会社については、次のような書類について取締役会の承認を受ける必要があります。

- ・計算書類
- ・事業報告
- ・上記に係る附属明細

なお、計算書類とは、貸借対照表、損益計算書、その他株式会社の財産および損益の状況を示すために必要かつ適当なものとして法務省令で定めるものをいいます。

2 決算内容の分析

役員報告にあたり、役員からの質問に備えるため、また効率よく報告するために、決算内容について分析します。

まず、当期の業績がどうであったかの確認をします。前期と比べて好調であったかどうか、年初に計画した数値に対して実績はどうだったのか確認します。

また、前期と比べて増減の大きい項目の分析を行います。自社の重点項目等があれば、その部分についての分析も必要です。

3 役員報告のための資料作成

役員報告のための資料で、決算報告書以外の資料は、各社さまざまな様式で報告しています。内容としては、月次報告資料等をベースに適宜資料を追加して報告しています。

決算承認の流れ

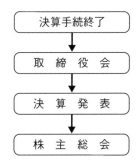

4 計算書類の備え置き

株式会社は、計算書類、事業報告、附属明細書（計算書類等）を次に定める期間備え置かなければなりません。

・本店——定時株主総会の日の1週間（取締役会設置会社にあっては2週間）前の日から5年間

・支店——定時株主総会の日の1週間（取締役会設置会社にあっては2週間）前の日から3年間（支店の場合には計算書類等の写し）

なお、計算書類等が電磁的記録で作成されている場合等には、支店での備え置きは必要としない特例があります。

ワンポイント

事業報告

会社法施行により、従来の商法に規定されていた営業報告書は、事業報告と名称が変更され、内部統制の整備に関する項目等が追加されています。

計算書類ではわからない定性的な事項は事業報告に記載されることになります。

例題 ①

　会社法決算において、取締役会の承認を受けなければならない書類として適切なものは次のうちどれか選びなさい。

［選択肢］
(1) 決算短信
(2) 有価証券報告書
(3) 事業報告
(4) 予算実績対比表

解 説 ……………………………………………………………………………

　会社法決算においては、取締役会で、計算書類、事業報告およびこれらに係る附属明細書について承認を受ける必要があります。

　なお、決算短信は、上場会社が投資家向けに決算の概要を公表する書類であり、有価証券報告書は、上場会社などが内閣総理大臣に提出する書類です。

解答　(3)

例題 ②

　株式会社は、会社法で規定されている計算書類等を一定期間、その本店に備え置く必要があるが、その期間は定時株主総会の日の1週間前の日から何年間とされているか。次の選択肢のなかから選びなさい。

［選択肢］
(1) 3年
(2) 4年
(3) 5年
(4) 6年

解 説 ……………………………………………………………………

　原則として、本店の場合には5年、支店の場合には3年間の備え置きが必要とされています。

解答 (3)

◉監査対応・・・

1　監査対応の準備

①監査日程等の確認

　監査役や会計監査人による監査を行う場合には、監査日程表を作成しますので、監査日程と監査の内容を確認し、提出資料の作成や関係部署の立会いが必要な場合には、日程等の調整を事前にしておきます。

②監査人への提出資料の作成

　監査人への提出資料として、決算で作成した各科目の明細や増減明細等の資料を確認します。また、決算作成資料のほか、前年度の監査で使用した資料等を確認し、関係部署等へ依頼して資料を整えます。

③会計処理等についての論点整理

　重要な会計方針等の確認をして、会計方針に従って正しく処理が行われているかの確認をします。

　また、当期において会計処理の変更があった場合などは、会計方針変更の注記や過年度遡及会計の適用等が必要になりますので、そのような特殊事情がなかったかの再確認を行います。

　上記のような変更、その他の特殊事情があった場合には、監査をとどこおりなく進めるため、会計監査人へ事前にその旨の報告をしておくことが必要です。

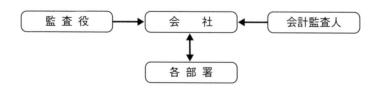

2 監査の意義について

①会社法監査の意義

　監査役を設置している会社においては、計算書類および事業報告ならびにこれらの附属明細書について監査役の監査を受ける必要があります。

　会計監査人を設置している会社においては、計算書類およびその附属明細書について監査役および会計監査人の監査を、事業報告およびその附属明細書について監査役の監査を受ける必要があります。

②金融商品取引法監査の意義

　株式を上場している会社が、公認会計士または監査法人による財務諸表監査を受けることをいいます。

監査対応の業務フロー

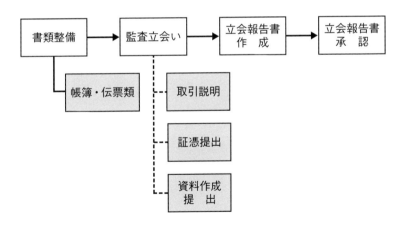

例題 ①

　会計監査人設置会社では、会計監査人が株式会社の計算書類等を監査し、監査報告を作成する必要があるが、会計監査人設置に関する次の記述のうち不適切なものを選びなさい。

［選択肢］
(1) 大会社は会計監査人の設置が強制される。
(2) 小会社であっても、定款に定めるところにより、会計監査人を設置することができる。
(3) 株式を上場していない小会社は、会計監査人を設置することは認められていない。
(4) 会計監査人は、株主総会の決議によって選任される。

解説 ………………………………………………………………

　旧商法においては、会計監査人を設置する会社に制限がありましたが、会社法では、大会社以外のすべての株式会社について任意で会計監査人を設置することが認められています。

　なお、大会社については、会計監査人の設置が強制されています。

解答　(3)

例題 ②

　会社法の規定により、株式会社の決算にあたり、計算書類や事業報告を監査する者を次の選択肢のなかから選びなさい。

［選択肢］
(1) 取締役
(2) 監査役
(3) 執行役員
(4) 経理部長

解説

　監査役は決算にあたり、計算関係書類や事業報告を監査し、監査報告書を作成します。また、監査の結果を株主総会に報告する必要があります。

解答　(2)

ワンポイント

会計監査人と監査役

　会計監査人は、公認会計士または監査法人でなければならないとされています。

　他方、監査役については、金融商品取引法や各種倒産法制に定める罪を犯した者等、欠格事由に該当していなければ、監査役に選任されることができます。

第**3**節
連結決算

▶ 期中対応

1 会計処理と決算期の確認

①新規連結会社の確認

　連結関係会社に該当するかどうかは、親会社の子会社に対する議決権比率、資金や人的な重要性により決定されます。期中においては、子会社の資金調達計画やグループ間における人事異動等を確認し、新しく連結子会社等に入る会社がないかを確認しておく必要があります。

②会計処理の統一

　連結決算においては、同一環境下で行われた同一性質の取引等について親会社および子会社が採用する会計処理は、原則として統一しなければなりません。

　とくに新しい取引などが出てきたときや新規に連結子会社が出てきたときには、親会社と子会社の会計処理が統一されているかを確認しておく必要があります。

③決算期の統一

　親会社と子会社の決算期が異なる場合、子会社が仮決算を行います。重要性がない場合には、決算期のずれが3カ月以内であれば、直前期の決算数値を使用することが可能です。

　新たに連結子会社になった会社の決算期を確認し、決算前に方針を決めておく必要があります。

2 グループ間の取引内容の確認

　連結決算の作業過程のなかで、連結会社間における取引について
は、連結グループ内における内部取引として、相殺、消去すること
になっています。

　このグループ間取引は、決算手続きのなかでも、各社の数字の整
合性をとるのに時間がかかりますので、各社の集計の仕方等を確認
しておく必要もあります。

　内部取引の例として、①売上と仕入れ、②不動産の賃貸借、③借
入金と貸付金等があります。

連結決算作業の流れ

```
┌─────────────────────┐
│   各社の財務諸表を合算   │
└─────────────────────┘
          ↓
┌─────────────────────┐
│    資　本　連　結    │
└─────────────────────┘
          ↓
┌─────────────────────┐
│    内部取引の消去    │
└─────────────────────┘
          ↓
┌─────────────────────┐
│    未実現損益の消去    │
└─────────────────────┘
          ↓
┌──────────────────────────┐
│  連結キャッシュフロー計算書の作成等  │
└──────────────────────────┘
```

　連結決算作業のうち、実務では内部取引高の金額の集計に時間が
かかります。

3 注記事項該当情報の抽出

　新規連結や連結離脱のほかに、注記事項として記載しなければな
らないものがないか、期中の段階で把握できる特殊事情を確認して
おきます。

例題①

　連結グループ内部における取引は、連結決算において、相殺、消去されることになるが、次に掲げるもののうち、連結決算における内部取引として集計する必要がないものはどれか。

［選択肢］
(1) 子会社が親会社へ役務提供をしたことによる売上高と仕入高
(2) 親会社が子会社へ建物の一部を賃貸していることによる賃貸収入と賃借料
(3) 親会社が子会社へ営業資金を貸し付けたことによる受取利息と支払利息
(4) 親会社から子会社への従業員転籍にともなう子会社での人件費計上額

解 説

　連結決算における内部取引の消去は、連結グループ内部における取引を相殺、消去することにより、連結グループとしての純粋な財政状況を把握するために行われるものです。

　取引の相手方は、連結グループにおける会社となり、取引金額はお互いの会社で同じ金額となります。

　(4)は、転籍をしたとのことなので、子会社固有の取引であり、親会社と相殺する必要はありません。

解答　(4)

例 題 ②

　連結決算において、親会社と子会社の決算期が異なる場合には、子会社において仮決算をする必要があるが、重要性がない場合には、子会社の直前決算期の数値を使用することができる。この場合、親会社と子会社の決算のずれは何カ月以内とされているか。次のなかから選びなさい。

［選択肢］
(1)　1カ月
(2)　2カ月
(3)　3カ月
(4)　4カ月

解 説 ……………………………………………………………………

　親会社と子会社の決算期が異なる場合、子会社が仮決算を行いますが、重要性がない場合で、決算期のずれが3カ月以内であれば、直前期の決算数値を使用することができます。

解答　(3)

ワンポイント

連結決算

　支配従属関係にある2以上の会社を単一の組織とみなして、親会社が子会社の財務諸表を結合することにより、企業集団全体の財政状態等を報告するために行われるものです。

▶ 決算準備‥‥‥‥‥‥‥‥‥‥‥‥‥‥‥‥‥‥‥‥‥‥‥‥‥‥

1 連結対象会社の判定

　連結決算事前準備の段階で収集した情報に基づき、連結会社に該当するかどうかの検討を行います。

連結子会社の範囲

①親会社が議決権の過半数（50％超）を所有している。
②親会社が議決権の40％以上50％以下を所有していて、かつ一定の事実に該当する。
③親会社の議決権と実質的に一体と認められる者の議決権と合わせると議決権の過半数を所有していて、かつ一定の事実に該当する。

関連会社の範囲

①親会社が議決権の20％以上を所有している。
②親会社が議決権の15％以上20％未満を所有しており、かつ一定の事実に該当する。
③親会社の議決権と緊密な者等が所有する議決権の合計が20％以上であり、かつ一定の事実に該当する。

　上記のように、連結対象会社の判定は複雑になっているため、早期に作業をすることが望まれます。

2 連結決算方針の策定

　連結会社における会計処理の方法について確認をします。重要な会計方針や注記事項、会計方針の変更がある場合には、その影響額等を確認します。

　重要な会計方針には、次のようなものがあります。

- ・棚卸資産の評価方法および評価基準
- ・有価証券の評価基準および評価方法
- ・固定資産の減価償却の方法
- ・繰延資産の処理方法
- ・引当金の計上基準
- ・その他、財務諸表作成のための基本となる重要な事項等

3 決算スケジュールの策定

　決算発表日等を基準に、各社のデータ送信日等の締切日を設定します。財務諸表データの送信を優先して、順次、注記事項等の締切日を設けるようにします。

　また、連結決算の作業の担当も分担し、作業がとどこおりなく進むようにします。連結貸借対照表・損益計算書、セグメント情報、連結キャッシュフロー計算書の担当等、項目ごとに分担を決める方法等があります。

4 関係会社への事前説明

　上記で決定した決算方針や決算スケジュール等を各社へ連絡し、周知徹底します。

　また、必要に応じて決算説明会等を開催し、各社の経理担当者との打合せの機会を設けるようにします。

例題 ①

　連結対象会社の判定を行う場合に、親会社が子会社の株式を保有する議決権の割合で判定するとき、次に掲げるもののうち、連結子会社に該当するものはどれか選びなさい。

［選択肢］
(1) 51％
(2) 41％
(3) 31％
(4) 21％

解 説 ……………………………………………………………

　親会社が議決権の過半数（50％超）を所有している場合には、連結子会社となります。また、このほかに、親会社が議決権の40％以上50％以下を所有していて一定の事実に該当する場合等は連結子会社に該当するため、連結対象会社の判定は慎重に行う必要があります。

解答　(1)

例 題 ②

　連結対象会社の判定で、次の事実に該当する場合には、連結決算上の取扱いがどのようになるか、次の選択肢から選びなさい。

　親会社が議決権の15%以上20%未満を実質的に所有しており、かつ一定の事実に該当する。

［選択肢］
(1)　連結子会社　　　　(2)　関連会社
(3)　同族の同族会社　　(4)　非同族の同族会社

解 説 ・・

　親会社が議決権の15%以上20%未満を実質的に所有しており、かつ親会社の役員が取締役を兼務しているなど一定の事実に該当する場合には、関連会社に該当します。

解答　(2)

ワンポイント

過年度遡及会計

　過年度遡及会計とは、会計方針や表示方法の変更、過去の誤謬の訂正があった場合には、過去の財務諸表に遡って適用していたかのように会計処理または表示の変更等を行うことをいいます。
　以前は、会計方針の変更や過去の誤謬の訂正に関する影響は、当期の決算書の特別損益（前期損益修正額）として計上されましたが、現在はこれらの影響を前期以前の決算に反映させるため、原則として前期損益修正額には計上されません。

▶データ情報収集・・・

1 連結パッケージおよび作成マニュアルの準備

①連結パッケージの準備

　上場会社など、連結財務諸表を作成する必要がある会社は、連結決算用のデータを収集するためのソフト（連結パッケージ）を導入しています。子会社はこのパッケージに入力したファイルを親会社へ送信し、親会社では受信後に子会社のデータを受け入れることにより、連結決算の手続きを迅速に進めることができます。

　なお、連結財務諸表作成の手続きは、一般的には、資本連結→内部取引消去→未実現利益の調整という順序で進んでいきますので、それぞれの連結手続きに必要なデータを正確に収集する必要があります。

②作成マニュアルの準備

　パッケージの準備ができたら、各社がパッケージを入力するさいの基準や注意点等を周知させるためのマニュアルを作成します。

　内容としては、各シートの具体的な入力の仕方や、入力したシート間での整合性がとれていない場合の対処の仕方等を記載します。

2 パッケージ配信

　パッケージの準備ができたら、各社へファイルおよびマニュアルを送信し、必要に応じて説明会を開催します。

　一般的に、上場会社等では、決算月の1カ月から2カ月前に、パッケージの配信をしているようです。

3 データ組替えおよび各社のデータ検証

①異業種データ組替え

データの回収が終了したら、連結会社のなかで、親会社と業種の異なる会社の個別財務データの組替えを行います。

パッケージによっては、各社のデータ入力時に組替作業（連結用の科目へ表示を変更する作業）を同時に行うものもあります。

②各社のデータ検証

各社のデータを受け入れると、各データ間の不一致が生じるので、データ間の整合性を検証し、不一致の原因を確認します。

たとえば、親会社のA子会社への売上高とA子会社の親会社からの仕入高に不一致が出ているような場合、データの集計にミスがあるのか、売上計上と仕入計上のタイミングの違いによるものか、請求書等が未着のために認識が遅れたのかなどの原因を分析します。

データ差異の例

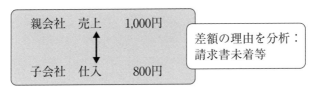

連結決算業務のデータ収集業務フロー

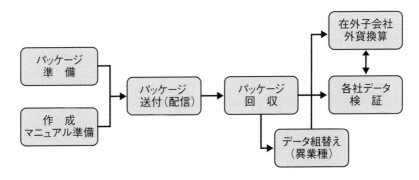

例題 ①

　連結決算でデータを収集する場合に、連結グループ内で次の取引が行われていたとすると、連結決算のデータ収集上の項目としてふさわしい名称を次の選択肢のなかから選びなさい。

　親会社が子会社へ、その保有している固定資産を売却した。親会社では固定資産売却益が生じている。

［選択肢］
(1)　未実現利益
(2)　資本連結
(3)　内部振替
(4)　セグメント情報

解説 ……………………………………………………………………

　連結グループ内で資産の売買等が行われた場合に、資産が連結グループ内に実在するときは、そのグループ内部では、売却損益等の実現はされていないため、連結決算上では一定の調整を行うことになっています。

解答　(1)

例 題 ②

　連結決算でデータを収集する場合に、連結会社が異なる事業を営んでいるときに、その事業の種類ごとのデータを集計する必要があるが、これは連結決算のデータ収集上の項目として次のどれに該当するか選びなさい。

［選択肢］
（1）　未実現利益
（2）　資本連結
（3）　内部振替
（4）　セグメント情報

解 説 ....

　連結会社が異なる事業を営んでいる場合には、セグメント情報として、マネジメントアプローチに基づく報告セグメントごとに売上金額、営業利益金額、資産の金額等を開示する必要があります。

解答　（4）

ワンポイント

関係会社サポート

　連結決算の手続きをとどこおりなく進めるために、グループ会社からのデータ収集は非常に重要な作業です。
　とくに、連結パッケージの作成に時間のかかる会社や、内部取引のデータに相違が出るような会社へは、事前にサポート体制を整えて、データ収集をしやすくすることが重要です。

▶決算手続き……………………………………………………

1 連結決算の流れ

　連結決算の決算手続きの順序はとくに決められてはいませんが、実務上、作成の手順はおおむね次のようになっています。

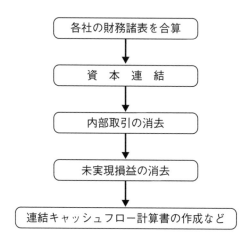

2 連結決算における調整項目の具体例

①資本連結

　資本連結とは、親会社の投資勘定と子会社の資本を相殺する手続きをいいます。

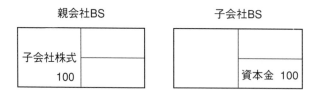

（相殺仕訳）

| （借方）資本金 | 100 | （貸方）子会社株式 | 100 |

　なお、投資と資本に差額がある場合の連結調整勘定が発生したり、親会社の子会社に対する資本持分が変動した場合の扱い等、資本連結の手続きには複雑なものがあります。

②内部取引の消去

　連結財務諸表は、連結会社を1つのものとして表現するため、連結会社間における債権と債務、売上と仕入れ等を相殺、消去します。

　データ集計が終了すれば、相殺するだけなので、比較的簡単な手続きですが、実務上は会社間双方のデータが同じ金額になるまでには相当な時間がかかるため、連結決算手続きのなかでは時間のかかる項目となっています。

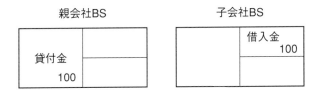

（相殺仕訳）

| （借方）借入金 | 100 | （貸方）貸付金 | 100 |

③未実現損益の消去

　連結会社相互間で取引をしたものが資産勘定などに含まれている場合には、その部分に係る損益が実現していないものとして、未実現となっている損益を調整します。

　対象となる資産は、棚卸資産、固定資産、有価証券等があります。なお、親会社から子会社に売却する取引をダウンストリーム、子会社から親会社へ売却する取引をアップストリームと呼びます。

　（例）親会社から子会社へ建物を売却し、親会社では100円の売

却益が生じている。

⇒この場合、親会社の売却益は連結グループ外に対して実現した利益ではないため、連結財務諸表上では調整することになります。

（相殺仕訳）

（借方）建物売却益　　　100	（貸方）建物　　　　　　100
（親会社）	（子会社）

3 連結キャッシュフロー計算書

連結キャッシュフロー計算書は、連結貸借対照表および連結損益計算書とならんで連結財務諸表の1つとなっています。

作成方法には、大きく分けて2通りの方法があります。

①原則法──各社の個別キャッシュフロー計算書を合算し、連結会社間の現金取引等を調整して作成する方法

②簡便法──連結貸借対照表および連結損益計算書から間接的に作成する方法

4 セグメント資料の作成

セグメント情報に記載される事項は、マネジメントアプローチに基づく報告セグメントの概要、売上高や営業利益等になります。マネジメントアプローチとは、経営者の意思決定や業績評価において使用されている事業単位で開示する考え方です。

また、報告セグメントに関連する情報として、製品およびサービスごとの情報や地域ごとの情報等も注記することとなっています。

例 題 ①

連結決算で行われる資本連結の仕訳として、（　　）に入る適切な勘定科目を選択しなさい。

A親会社はB子会社に対して10万円の出資をしている。A親会社の持分比率は100％である。

（借方）資本金　100,000円	（貸方）（　　　　　）100,000円

［選択肢］
(1) 固定資産
(2) 現金預金
(3) 未払金
(4) 子会社株式

解 説 ……………………………………………………………………

連結決算は、まず資本連結からスタートします。資本連結とは、親会社の投資勘定と子会社の資本勘定を相殺する手続きをいいます。

親会社の出資時の仕訳および子会社の設立時の仕訳は、以下の通りとなります。

①親会社の出資時の仕訳

（借方）子会社株式　100,000円	（貸方）預金　　　　100,000円

②子会社の設立時の仕訳

（借方）預金　　　　100,000円	（貸方）資本金　　　100,000円

資本連結では、①と②の投資と資本を相殺、消去することになります。

解答　(4)

例 題 ②

　親会社から子会社へ固定資産を10,000円で売却した。親会社の譲渡前の簿価は7,000円であり、子会社は売却価額を取得価額としている。この場合の未実現利益の消去の仕訳として、（　　）に入る適切な勘定科目を選択しなさい。

　なお、減価償却費については考慮しないものとする。

（借方）固定資産売却益　3,000	（貸方）（　　　　　　）3,000

［選択肢］
(1)　固定資産
(2)　現金預金
(3)　未払金
(4)　資本金

解 説 ••

　未実現利益の消去では、資産の売却による売却益と固定資産の取得価額を修正する仕訳を作成します。

解答　(1)

例題 3

　次に掲げるもののうち、未実現利益の消去に関係のない項目はどれか。

［選択肢］
(1) 棚卸資産の売却
(2) 固定資産の売却
(3) 有価証券の売却
(4) 長期貸付金の貸付け

解説 ･･

　未実現利益の消去は、連結グループにおいて、売却益等が発生している場合にその売却益を調整します。

　貸付金等の取引は、内部取引の消去として、親会社の貸付金と子会社の借入金が相殺、消去されることになります。

解答　(4)

第 **4** 節
外部開示

▶ 決算短信

1 決算短信とは

　決算短信は、上場会社が決算において、投資家向けに決算の概要をまとめて開示する書類のことです。作成の基準は、証券取引所で任意のガイドラインなどを設けていますが、会社法等、法律に規制されるものではなく、会社側が個別に様式等を決めることができます。

2 短信用財務諸表の作成

　決算整理後の最終試算表は、あくまで帳簿の1つです。決算発表用の財務諸表に限りなく近い試算表もありますが、多くの会社では、この最終試算表から、決算発表用の財務諸表への組替作業を行います。

　この財務諸表作成の基準については証券取引所が一定のガイドラインを設けていますが、特段の基準があるわけではありません。現在、多くの会社では、有価証券報告書に準じた財務諸表を提出しています。

　また、様式等も、会社の判断で決めることができますので、計算書類や有価証券報告書と比べると、明確でわかりやすい表現になっています。

3 注記資料の作成

　財務諸表の作成とともに、補足資料となる注記事項を作成します。

この注記事項についても、有価証券報告書に記載する内容等をもとに会社の判断で作成しています。

4 短信用定性資料の作成

　各種指標の作成、開示の対象となる重要な事項についての資料を作成します。企業にとってプラスの要因だけではなく、リスク情報といったマイナスの要因を記載する必要もあります。

5 資料の最終化

①資料の最終確認

　各担当者が作成した資料をまとめて、決算短信の仕上げに入ります。このとき、財務諸表、注記事項、各資料の間などでリンクする箇所のチェックを行い、資料間の整合性がとれているかの確認を行います。

　また、誤字脱字等のミスを防ぐため、最終版については数人で読み合わせて最終確認をします。

②マネジメント付議

　最終化された決算短信について、会社の決裁をとるため、取締役会等に付議をします。

③開示

　証券取引所に決算短信を提出し、決算発表を行います。また、プレスからの質問などにも対応します。

　なお、開示にあたっては、開示情報の取扱いに関するセキュリティ体制を整備しインサイダー情報の漏洩を防ぐともに、決算短信を提出するまでのスケジュールや作業チェックリストを作成することにより、適時に開示できる体制を整備することが大切となります。

6 四半期決算短信の作成

　四半期ごとに各証券取引所の様式・記載要領をもとに四半期決算

短信を作成します。

　四半期決算短信は通期の決算短信と比較し簡素化されたものとなっており、連結財務諸表作成会社は連結ベースのもののみを、連結財務諸表非作成会社は個別ベースのものを作成します（ただし、企業の判断で任意に連結財務諸表作成会社が個別財務諸表を添付することは可能）。

決算短信の業務作成フロー

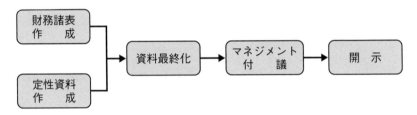

ワンポイント

証券取引所

　現在、日本では、札幌、東京、名古屋、福岡の4カ所に証券取引所があります。東京証券取引所は、令和4年4月の再編によって、市場区分が「プライム市場」「スタンダード市場」「グロース市場」となりました。

　なお、平成19年に証券取引法が金融商品取引法に改正されたことにともない、証券取引所の法律上の名称は金融商品取引所となっています。

例題 ①

上場会社が決算にあたり作成する決算短信は、次のどのような決まりに基づいて作成されるものか、選択肢のなかから選びなさい。

［選択肢］
(1) 会社法　　　　　　　(2) 金融商品取引法
(3) 法人税法　　　　　　(4) 証券取引所の任意の基準

解説 ……………………………………………………………

　決算短信とは、上場会社が証券取引所の様式等に従い、株主総会が行われる前に投資家向けに決算の発表を行うために作成される書類です。財務諸表を作成する場合に、現在では法律等の規制はないため、開示する財務諸表はある程度会社の任意で決めることができます。

解答　(4)

例題 ②

決算短信に記載される項目のうち、1株当たり当期純利益の算式について、（　　）に該当するものを選択肢のなかから選びなさい。

　1株当たり当期純利益＝当期純利益　／（　　　）

［選択肢］
(1) 期中平均株式数　　　(2) 期末発行済株式数
(3) 発行可能株式数　　　(4) 期末自己株式数

解説 ……………………………………………………………

　1株当たり当期純利益を算出する分母は、期中平均株式数（期中平均発行済株式数－期中平均自己株式数）を使用します。他方、1株当たりの純資産を計算する場合の分母には、期末発行済株式数－期末自己株式数を使用します。

解答　(1)

▶ 決算発表‥‥‥‥‥‥‥‥‥‥‥‥‥‥‥‥‥‥‥‥‥‥‥‥‥‥

1 IRとは

　IRとは、Investor Relationsの略で、企業が株主や投資家に対して投資判断に必要な情報を適時、公平、継続して提供していく活動全般を指します。

　企業はIR活動を通じて投資家等と意見交換することで、お互いの理解を深め、信頼関係を構築し、資本市場での正当な評価を得ることができます。

2 決算発表資料の準備

　企業が決算発表をするさいに、同時にプレス発表（記者会見）を行います。このプレス発表にあたり、会社は、証券取引所用の決算短信とは別に補足資料を用意して、IR活動に熱心であることをアピールします。

　このプレス発表用の資料には、ひな型などはなく、企業が自由に作成することができます。

　プレス資料を作成した場合には、決算短信等、他の提出資料と内容に整合性がとれているのか確認をします。

3 決算発表資料の分析

　プレス発表用の資料ができたら、当期における特殊事情等を分析し、記者からの質問に答えられるように準備を整えます。

　必要に応じて、関係部署へあらかじめ質問しておき、各部署からの回答を集計し、想定問答集を作成する場合もあります。

プレス資料準備業務フロー

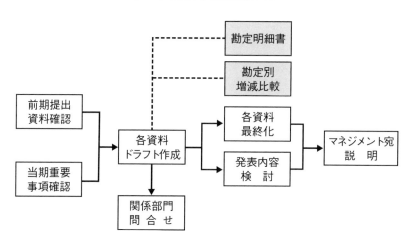

例 題 ①

　企業が株主や投資家に対して投資判断に必要な情報を適時、公平、継続して提供していく活動全般を略して何と呼ぶか。次の選択肢のなかから適切なものを選びなさい。

［選択肢］
(1)　IR
(2)　CSR
(3)　PER
(4)　PBR

解 説 ………………………………………………………………………

　IRは、企業が株主に対して自社のアピールをするための非常に重要な活動の1つです。

解答　(1)

例題 ②

　企業が決算にあたり外部へ提出する書類のうち、提出の順番が一番最後になるものは、次の選択肢のうちのどの書類か。適切なものを選びなさい。

［選択肢］
(1)　決算短信
(2)　会社法決算書
(3)　税務申告書
(4)　予算実績管理表

解 説

　一般的な決算の順番としては、決算発表、決算短信等の公表、会社法決算書の株主総会への提出、税務署等への税務申告書の提出という順番になります。

　なお、予算実績管理表は、内部資料であるため、原則として外部への提出は行いません。

解答　(3)

ワンポイント

想定問答

　会社が、決算発表や株主総会にあたり、投資家やプレスからの質問に効率的に答えるために、あらかじめ質問が予想される内容等をまとめて、回答を用意しておきます。

　この予想質問をまとめた書類を想定問答と呼んでいます。

▶ 会社法決算

1 会社法に基づき作成する書類

　会社法で定められている作成書類として、以下の3つがあります。

①計算書類

　計算書類とは株主等に対して当期の経営成績、財政状態を報告するために作成される書類です。具体的には、貸借対照表、損益計算書、株主資本変動計算書、個別注記表を指します。

②事業報告

　事業報告とは、決算期ごとに会社の事業活動の概況を記載した報告書です。具体的には、株式会社の状況に関する重要な事項や、内部統制システムについての決定または決議の内容等を記載します。

③附属明細書

　附属明細書は、計算書類や事業報告を補足するものとして作成される書類です。計算書類と事業報告それぞれに附属明細書があり、計算書類の附属明細書には固定資産や引当金の増減明細等、計算書類の内容を補足する事項を記載し、事業報告の附属明細書には会社や役員または支配株主との利益が相反するものの明細等、事業報告の内容を補足する事項を記載します。

会社法決算において作成する書類

①計算書類（貸借対照表、損益計算書、株主資本等変動計算書、個別注記表）
②事業報告
③附属明細書

2 株主総会での決算確定

上記により作成した計算書類をもとに、株主総会では議長が株主に対して決算数値を説明し、その承認を受けることで決算は確定します。

株主総会での付議事項には、決算承認のほか、定款の変更や取締役の選任等の重要な事項もあります。

なお、一定の要件に該当する場合には、計算書類について株主総会の承認を省略することができることとされています。

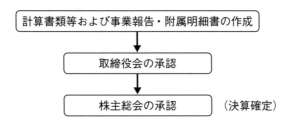

3 決算公告

株式会社は、定時株主総会後、遅滞なく決算公告をする必要があります。決算公告には、以下のような方法があります。

①官報に掲載

②日刊新聞紙に掲載

③電子公告

なお、有価証券報告書を提出しなければならない株式会社については、金融庁のEDINET（エディネット）により有価証券報告書を公開しているため、決算公告義務を課さない取扱いとなっています。

例 題 ①

　会社が定時株主総会終了後に決算公告をする場合に、次の選択肢のなかで決算公告の方法としてふさわしくないものはどれか。

［選択肢］
(1) 官報に掲載する。
(2) 日刊新聞紙に掲載する。
(3) 電子公告をする。
(4) 社内での通達により周知する。

解 説 ・・

　株式会社は、定時株主総会後、遅滞なく決算公告をする必要があります。官報に掲載、日刊新聞紙に掲載、電子公告等の方法があります。

解答　(4)

ワンポイント

臨時株主総会

　会社の事業年度終了後に毎年行われる株主総会等、開催予定があらかじめ定められているものを定時株主総会といいます。

　これに対し、会社の重要な事項として、臨時的に招集され、開催される株主総会を臨時株主総会といいます。

▶有価証券報告書の作成 ....

1 有価証券報告書とは

　株券や債券などの有価証券を使って1億円以上の資金調達をする会社や、株式を証券取引所に上場、公開している会社が、内閣総理大臣に提出を義務づけられている書類のことをいいます。

　有価証券報告書は、第一部と第二部がありますが、第一部の企業情報がメインで構成されています。この第一部は、大きく以下のように区分されています。

　第1　企業の概況

　第2　事業の状況

　第3　設備の状況

　第4　提出会社の状況

　第5　経理の状況

　第6　提出会社の株式事務の概要

　第7　提出会社の参考情報

　上記のうち、会計監査人の監査証明を受けるのは、第5の経理の状況の部分となります。

　企業の経理担当者は、この経理の状況の部分を作成するとともに、その他の部分の作成を関係部署に依頼します。

2 有価証券報告書用連結財務諸表と注記事項等の作成

①有価証券報告書用連結財務諸表の作成

　経理の状況は、連結財務諸表に関する部分と（個別）財務諸表に関する部分とに分かれています。

　連結財務諸表については、連結決算の手続きにより作成した連結財務諸表をもとに、開示用の組替作業をして作成します。科目組替えは基本的に毎期継続的に同じ基準で作成する必要がありますの

で、前年の組替表を参考に作成します。

　単体の財務諸表についても、同様に作成します。

②注記事項等の作成

　財務諸表の補足事項となる注記事項を作成します。各種のひな型等を参考に注記に漏れがないように注意する必要があります。

③作成上の留意点

　作成にあたり、外部からの情報収集や有価証券報告書作成の手引き等を用いて毎年のように改正される（連結）財務諸表規則や会計基準の変更等について確認し、場合によっては、社内の会計処理やデータ収集方法を見直すことも必要となります。また、根拠となる作成資料を整備し、連結財務諸表や注記事項と整合性をとることも必要となります。

3 定性資料の作成

　各種財務数値等、定性資料の作成を行います。前期提出資料を確認し、内容の分析を行います。

4 後発事象の検証

　後発事象とは決算日後に発生した事象で、翌事業年度以降の財政状態および経営成績に影響を及ぼすような事象をいいます。

　上記のような事象が発生した場合には、その内容を有価証券報告書に記載する必要がありますので、決算日後に生じた後発事象についての検証を行います。

5 資料の最終化

　有価証券報告書は、経理部門以外にも会社の概況や設備の概況など関係部門で作成するものもあるため、表記方法のバラつきや記載内容の整合性がとれていない可能性があります。したがって、経理部門やIR部門などで全体的なチェックを行う必要があります。

6 電子開示手続き

　金融商品取引法に基づく有価証券報告書等の開示書類に関する電子開示システムのことを通称EDINET（エディネット）といいます。

　現在、有価証券報告書はオンラインによって提出し、このEDINET上で、各社の有価証券報告書を閲覧できる仕組みになっています。提出漏れを防ぐためには、送信後にEDINETに掲示されているかを確認することが大切になります。

ワンポイント

金融商品取引法

　金融商品取引法とは、投資性のある金融商品を取引するさいの利用者保護と透明で公正な市場づくりを目的としたものであり、従前の証券取引法が抜本的に改正され制定された法律です。上場会社の開示（ディスクロージャー）に関しては、この法律の適用を受けることになっています。

例題 ①

　上場会社が、決算終了後に、内閣総理大臣へ提出する義務が
ある書類として、適切なものを選びなさい。

［選択肢］

(1) 計算書類　　　　　(2) 附属明細書

(3) 事業報告　　　　　(4) 有価証券報告書

解説 ……………………………………………………………

　上場会社など、株式を証券取引所に上場している会社は、決算終
了後、有価証券報告書を作成して提出する義務があります。

解答　(4)

例題 ②

　有価証券報告書に記載されるキャッシュフロー計算書につい
て、次の取引はキャッシュフロー計算書のどの区分に記載され
ることになるか。選択肢のなかから適切なものを選びなさい。

　当期において、銀行から借入金100万円を調達し、現預金が
100万円増額している。

［選択肢］

(1) 営業活動によるキャッシュ・フロー

(2) 投資活動によるキャッシュ・フロー

(3) 財務活動によるキャッシュ・フロー

(4) その他のキャッシュ・フロー

解説 ……………………………………………………………

　キャッシュフロー計算書は、その内容により、営業活動、投資活
動、財務活動に区分されます。投資活動は固定資産、有価証券の売買
等を記載し、財務活動は資金調達等に関する項目を記載します。

解答　(3)

▶アニュアルレポート………………………………

1 アニュアルレポートの作成

　多国籍企業をはじめ、現在は国際的な経営活動をする会社も増えています。このような会社は、その事業年度末にアニュアルレポート（Annual Report：年次報告書）という冊子を作成し、投資家等へ向けて配布しています。

　アニュアルレポートの記載の仕方については、法律等の要請によって制限されるものではありません。投資家にわかりやすいように、表やグラフ、写真等を使い、各社がわかりやすい報告書を作成しています。

　外国人投資家が多い場合には、和文のアニュアルレポートのほかに英文のアニュアルレポートを作成します。

アニュアル・レポート（AR）の記載項目＜例＞
　・財務ハイライト
　・経営者メッセージ
　・事業概況
　・事業等のリスク
　・コーポレートガバナンス
　・企業理念
　・主要財務データ
　・その他主力商品の宣伝、開発状況　等

2 IFRS

　IFRS（International Financial Reporting Standards）とは、国際財務報告基準のことで、国際会計基準審議会（IASB）により設定される会計基準の総称であり、世界的に承認され遵守されることを目的としたものです。

　IFRSを日本の会計基準と比較した場合、のれんについての扱い等が異なっています。のれんの扱いについては、IFRSではのれんは非償却（減損テストは実施）とされるのに対して、日本基準では、20年以内のその効果の及ぶ期間にわたって償却を行います。また、IFRSが適用されることにより、従来とは異なる財務諸表が作成されることになります。おもなものとして、以下のものがあります。

・**財政状態計算書**

　　現在の貸借対照表が名称変更したもので、記載内容に大きな変更はありませんが、より時価評価が重視されている点が特徴としてあげられます。

・**包括利益計算書**

　　現在の損益計算書のようなものです。当期利益の計算過程で「継続事業からの当期利益」と「非継続事業からの当期利益」とに分かれて記載される点や経常損益・特別損益の区分という概念がない点で相違があります。

例 題 ①

次の選択肢のうち、アニュアルレポートについて説明した文章として正しいものはどれか。

[選択肢]
(1) 海外の株主や投資家に向けて、経営内容等を報告するためにつくられる書類である。
(2) 証券取引所に上場している会社が、金融商品取引法に基づいて内閣総理大臣へ提出する書類である。
(3) 株式会社が、会社法の規定に基づいて毎期決算において作成する書類である。
(4) 株式会社が、法人税法の規定に基づいて毎期決算において作成する書類である。

解 説 ....

アニュアルレポートは、海外の投資家向けに経営内容等を公表するために作成される書類で、法律などに定めがあるものではありません。

解答 （1）

税 務

第1節
税効果計算

▶ 繰延税金資産・負債確定

1 税効果会計とは

　税効果会計とは、会計上の収益・費用と税務上の益金・損金の認識時期の相違に起因する企業会計上の利益と税務上の所得の差異を調整するための会計手続きをいいます。

　具体的には、法人税等の額を適切に期間配分し、法人税等控除前の当期純利益と法人税等を合理的に対応させるものです。

2 一時差異

　会計上の資産・負債の金額と税務上の資産・負債の金額との差異を一時差異といい、これらの差異が税効果会計の対象となります。

　一時差異のうち、差異が解消する期の課税所得を減額する効果をもつものを将来減算一時差異といい、課税所得を増額する効果をもつものを将来加算一時差異といいます。

　また、交際費の損金不算入額等のように、将来的に課税所得を増減させる効果をもたないものを永久差異といい、これらは税効果会計の対象とはなりません。

　なお、一時差異、永久差異の具体例は、以下の通りです。

区　分	内　容
将来減算一時差異	減価償却超過額、未払事業税、繰越欠損金等
将来加算一時差異	圧縮記帳、未収事業税等
永　久　差　異	交際費の損金不算入額、延滞税等

3 税効果会計の仕組み

　税効果会計では、一時差異の金額に法定実効税率を乗じて、当期に調整すべき税額である「法人税等調整額」を損益計算書に計上します。

　また、将来減算一時差異については、税金の前払いという効果をもつことから、「繰延税金資産」という資産勘定を用いて貸借対照表に計上します。

　一方、将来加算一時差異については、税金の後払いという効果をもつことから、「繰延税金負債」という負債勘定を用いて貸借対照表に計上します。

　なお、法定実効税率は、以下の算式で求めます。ただし、地方法人税が課される間は、その分の税率を加味する必要があります。

〔法人税率×（1＋住民税率）＋事業税率〕／（1＋事業税率）

法人税申告書記載例
（単位：円）

I　利益積立金額の計算に関する明細書			
区　　分	期首現在 利益積立金額	当期中の増減		差引翌期首現在 利益積立金額
		減	増	
賞与引当金	2,000,000	2,000,000	4,000,000	4,000,000
利益準備金				
別途積立金				
繰延税金資産	△600,000	△600,000	△1,200,000	△1,200,000

税効果計算ワークシート
（単位：円）

項　目	期　首	解　消	発　生	期　末
賞与引当金	2,000,000	2,000,000	4,000,000	4,000,000
実効税率	30.0%	30.0%	30.0%	30.0%
繰延税金資産	600,000	600,000	1,200,000	1,200,000

例題 ①

　A社の行った次の取引のうち、一時差異に該当しない取引を選びなさい。

［選択肢］
(1) 購入時に全額費用処理した40万円の備品
(2) 取引先役員とのゴルフプレー代（全額交際費の損金算入限度額を超過）
(3) 翌期の賞与支給見込額として計上した賞与引当金
(4) 貸倒引当金の限度超過額

解 説 ....

　一時差異とは、会計上の収益・費用と税務上の益金・損金の認識時期の相違によって生じた差異のうち、将来において差異が解消される項目をいいます。

　(2)の取引は、会計上は費用となり、税務上は交際費として損金不算入となりますが、その差異は期間を経過しても解消されない永久差異に該当します。

　したがって、上記のうち、一時差異に該当しない取引は(2)となります。

　なお、(2)以外はすべて将来減算一時差異に該当します。

解答　(2)

例題 2

設立第1期のB社が今期に計上すべき法人税等調整額として適正な金額を選択しなさい（実効税率を30％とする）。

なお、B社は交際費200万円、賞与引当金繰入れ500万円を計上している。

［選択肢］
(1) 700万円
(2) 500万円
(3) 280万円
(4) 150万円

解説

法人税等調整額は、一時差異の金額に法定実効税率を乗じて算出されます。B社が行った取引のうち、交際費200万円は永久差異に該当し、賞与引当金繰入れ500万円は将来減算一時差異に該当することとなるため、求めるべき法人税等調整額は、一時差異の金額に実効税率を乗じた150万円（500万円×30％＝150万円）となります。

なお、仕訳は次のようになります。

（借方）繰延税金資産　150万円	（貸方）法人税等調整額　150万円

解答　(4)

ワンポイント

法人税等調整額

繰延税金資産および繰延税金負債の期首残高と期末残高の増減額は、法人税等調整額として計上されます。また、損益計算書では、「法人税、住民税及び事業税」と「当期純利益」の間に表示されます。

第2節
消費税申告

▶日常管理

1 納税義務

　国内で取引を行う企業は、以下のいずれかに該当する場合には、消費税の納税義務が生じることとなり、日常取引のすべてについて消費税額を把握しなければなりません。

①基準期間である前々事業年度の課税売上高が1,000万円超

②特定期間（原則として、前事業年度上半期）の課税売上高が1,000万円超 (注)

(注) 課税売上高に代えて、給与等支払額によることもできます。

　なお、基準期間のない法人（資本金1,000万円未満）について、特定新規設立法人の特例として、その発行済株式等の50％超を他の者に保有される場合において、その株式等を保有する者の基準期間に相当する期間の課税売上高が5億円を超えるときも、納税義務が免除されない制度があります。

2 課税対象取引

　課税対象取引とは、以下のすべての要件を満たす取引をいい、1つでも要件を満たさない場合は課税対象外取引となります。

①国内において行うものであること

②事業者が事業として行うものであること

③対価を得て行うものであること

④資産の譲渡、役務の提供、資産の貸付けであること

3 非課税取引

　以下の取引については、本来は課税対象取引に該当するものの、政策的な配慮等から非課税とされています。

　①土地の譲渡および貸付け

　②有価証券等（社債、株式等）の譲渡、支払手段（小切手、約束手形等）の譲渡

　③利子、保証料、保険料等

　④郵便切手、印紙、商品券、プリペイドカード等の譲渡

　⑤住民票、戸籍抄本等の行政手数料等

　⑥社会保険診療等

　⑦介護保険サービス、社会福祉事業等

　⑧お産費用等　　⑨埋葬料、火葬料等

　⑩車椅子等の身体障害者物品の譲渡、貸付け等

　⑪一定の学校の授業料、入学試験料等

　⑫教科用図書の譲渡　　⑬住宅の貸付け

4 免税取引

以下の取引は、消費税が免除される免税取引に該当します。

①　輸出免税……国内からの貨物の輸出、外国貨物の譲渡、国際通信、国際郵便等

②　輸出物品販売……外国人旅行者など非居住者に対する免税対象物品の販売

③　その他……外航船等に積み込む物品の譲渡、外国公館・海軍販売所・合衆国軍隊に対する資産の譲渡

非課税と免税との処理の違いは、取引に対応する課税仕入れについて仕入税額の控除を行うことができるかどうかという点が異なります。非課税の場合は、原則としてその仕入れに係る消費税額を控除することができませんが、免税取引については、その取引のために行った課税仕入れについては、原則として仕入れに係る消費税額を控除することができます。

例 題 ①

　A社の行った次の取引のうち、課税対象取引に該当する取引を選びなさい。

［選択肢］
(1) ハワイにある保養所の売却
(2) 東京にあるビルの貸付け
(3) 社長が自宅を売却
(4) 大阪にある土地を国に寄付

解 説 ⋯⋯⋯⋯⋯⋯⋯⋯⋯⋯⋯⋯⋯⋯⋯⋯⋯⋯⋯⋯⋯⋯⋯⋯⋯⋯

　課税対象取引に該当するかどうかは、以下の4要件をすべて満たしているかどうかで判断することとなります。
　①国内において行うものであること
　②事業者が事業として行うものであること
　③対価を得て行うものであること
　④資産の譲渡、役務の提供、資産の貸付けであること
　これらすべての要件を満たすのは、(2)の取引のみとなり、その他の選択肢については、以下の理由から課税対象取引には該当しません。
　(1)の取引は、国外のため①に該当しない。
　(3)の取引で、社長個人は②の事業者に該当しない。
　(4)の取引は、対価を得ていないため③に該当しない。

解答　(2)

例題 ②

　B社の行った次の取引のうち、非課税取引に該当する取引を選びなさい。

［選択肢］
(1)　名古屋にある土地の譲渡
(2)　オーストラリアにある土地の譲渡
(3)　北海道にある土地を売却したさいの仲介手数料
(4)　福岡にある土地を貸付けしたさいの仲介手数料

解 説 ··

(2)は、課税対象外取引。

(3)は、課税対象取引（土地の売却ではなく、仲介手数料のため）。

(4)は、課税対象取引（土地の貸付けではなく、仲介手数料のため）。

解答　(1)

ワンポイント

土地・建物に関する消費税

　経理の初心者にとって土地・建物に関する消費税は非常にわかりにくいようですが、基本は以下のパターンと理解しましょう。

　土地：譲　渡　→　非課税
　　　　貸付け　→　非課税
　建物：譲　渡　→　課税対象
　　　　貸付けのうち、住　　宅　→　非課税
　　　　貸付けのうち、住宅以外　→　課税対象

● 消費税の申告と納付……………………………………

1 実額計算

国内で取引を行う企業は、原則的に、その課税期間中に預かった消費税額からその課税期間中に支払った消費税額を控除した金額を申告、納付しなければなりません。

ただし、以下の算式で計算した課税売上割合が95％未満の場合または、その課税期間における課税売上高が5億円超の場合には、支払った消費税額のうち、個別対応方式もしくは一括比例配分方式で計算した金額だけを控除することとなります。

課税売上割合＝課税期間の税抜き課税売上高／課税期間の税抜き総売上高

個別対応方式とは、その課税期間の課税仕入れ等に係る消費税額を、①課税売上のみに対応するもの、②非課税売上のみに対応するもの、③課税売上と非課税売上に共通して対応するものの3つに区分したうえで、下記の算式によって仕入控除税額を計算する方法をいいます。

①の消費税額＋（③の消費税額×課税売上割合）

一括比例配分方式とは、次の算式によって仕入控除税額を計算する方法をいいます。

課税仕入れ等に係る消費税額×課税売上割合

2 簡易課税

基準期間における課税売上高が5,000万円以下の企業は、事前の届出によって簡易課税制度という計算方法を選択することができます。簡易課税制度とは、実際に消費税額をいくら支払ったかにかかわらず、預かった消費税額に対し、業種に応じたみなし仕入率を乗

じた金額を仕入控除税額とする方法をいいます。

なお、業種に応じたみなし仕入率は、次の通りです。

事業区分	みなし仕入率	該当事業
①第1種	90%	卸売業
②第2種	80%	小売業、農業・林業・漁業のうち消費税の軽減税率が適用される飲食料品の譲渡に係る事業区分
③第3種	70%	建設業、製造業、農林水産業（飲食料品の譲渡に係る事業を除く）等
④第4種	60%	飲食店業等①②③⑤⑥に該当しない事業
⑤第5種	50%	金融・保険業、運輸通信業、サービス業（飲食店業を除く）
⑥第6種	40%	不動産業

3 申告・納付手続き

消費税の申告書の提出・納付は、原則として、課税期間の末日の翌日から2カ月以内に行わなければなりません。ただし、令和3年3月31日以後に終了する事業年度の末日の属する課税期間から、法人税の確定申告書の提出期限の延長の特例を受けている会社で、消費税の確定申告書の延長をする旨の届出書を提出した場合は、1カ月延長することが出来ます。なお、直前の課税期間の消費税の年税額が48万円を超える場合は、中間申告の義務が生じます。

計算方法の選択

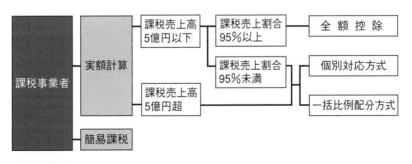

例 題 ①

　基準期間における課税売上高が1億円のA社（卸売業）の今期の仕入控除税額として、もっとも有利な金額を選びなさい。

　なお、今期の課税売上割合は80％で、預かった消費税および支払った消費税は次の通りである。

　①預かった消費税100

　②支払った消費税80

※支払った消費税のうち、課税売上のみに対応するものは30であり、それ以外は課税売上と非課税売上に共通して対応するものである。

［選択肢］

(1)　80

(2)　90

(3)　70

(4)　64

解 説 ・・・

　まず、A社は基準期間における課税売上高が5,000万円を超えているため、簡易課税を採用することはできません。

　また、課税売上割合が95％未満のため、支払った消費税額の全額を仕入控除税額とすることはできず、仕入控除税額は個別対応方式もしくは一括比例配分方式で計算した金額になります。

　個別対応方式で計算した場合の仕入控除税額は、70（30＋50×80％）、一括比例配分方式で計算した場合の仕入控除税額は64（80×80％）となり、個別対応方式で計算した70がA社にとって有利な金額となります。

解答　(3)

例題 ②

課税期間中の課税売上に係る消費税額から、その課税期間中の課税仕入れに係る消費税額の全額を控除することが出来るのは、課税期間中の課税売上高と課税売上割合の組み合わせのうちどれか選びなさい。

［選択肢］
(1) 1億円以下、80％以上
(2) 5億円以上、95％以下
(3) 5億円以上、80％以上
(4) 5億円以下、95％以上

解説

　課税売上割合とは、課税期間中の総売上に占める課税売上高の割合を言います。課税期間中の課税売上に係る消費税額から、その課税期間中の課税仕入れに係る消費税額を全額控除できるのは、課税期間中の課税売上高が5億円以下の事業者で、かつ、課税売上割合が95％以上の場合です。　　　　　　　　　　　　　解答　(4)

ワンポイント

インボイス制度

　2023年10月1日から導入された適格請求書等保存方式（インボイス制度）ですが、免税事業者にとっては大きな影響となりそうです。

　インボイスを発行するとなると、まずは適格請求書発行事業者として登録する必要があります。その上で、発行するインボイスのレイアウトを決める必要がありますが、これを機会に電子インボイスが発行できるシステムを導入する事業者も増える可能性があります。

　さらに、適格請求書発行事業者になるということは、納税義務者になりますので、消費税の申告も必要になります。

法人税等申告

● 日常税務対応

1 交際費と寄付金

　交際費や寄付金は、会計上は費用となりますが、税務上は一定額までしか損金に算入されず、税務調整が必要な代表的な取引の1つです。

①交際費

　法人税法上の交際費とは、事業関係者に対する接待、供応、慰安、贈答等のために支出する費用をいい、勘定科目が交際費かどうかではなく、実態による判断が必要です。

　たとえば、福利厚生費や会議費でも通常の飲食に要する費用を大きく超えている場合、接待後のタクシー代を旅費交通費で処理している場合には、法人税法上の取扱いは交際費となります。

②寄附金

　法人税法上の寄附金には、見返りを期待しない贈与や無償の供与だけでなく、資産を低額で譲渡した場合や債務免除をした場合も対象となります。

　また、関連会社間で取引をするときに、金額が相場と乖離（かいり）している場合には、寄附金と認定される可能性がありますので、とくに注意が必要です。

2 役員給与

　役員に対する給与は、事前に届出等がされているものを除き、原則的に定期同額の給与のみが損金に算入されます。

　法人税法上の給与には、金銭で本人に支払われるもののほかに、無利息での貸付け、低額譲渡や個人が負担すべきものの肩代わり等も含まれますので、注意が必要です。

3 減価償却と引当金

　減価償却や引当金については、その性格上恣意性(しいせい)の介入が避けがたいので、税務上は一定額までしか損金に算入されません。

①減価償却

　法人税では、減価償却について定められた償却方法および耐用年数に基づいた償却限度額があります。会計上の減価償却費が限度額を超過する場合は、税務調整の対象となりますので、注意が必要です。

　また、会計上、本来は資産として計上すべきものを費用処理した場合も、減価償却限度額を超過する金額は税務調整の対象となります。

②引当金

　法人税では、貸倒引当金(注)等を除き、原則的には引当金等の見積り計上に基づく費用は損金に算入されません。

　(注)貸倒引当金を計上できる法人は、銀行や保険会社等と、中小法人等に限定されています。

　したがって、会計上で計上した賞与引当金や退職給付引当金の繰入額は、税務調整の対象となります。

　また、賞与の支給額だけでなく、賞与時の会社負担の社会保険料相当額を見積もって未払計上している場合も、税務調整の対象となりますので注意が必要です。

例題 ①

　A社の行った次の取引のうち、税務上の交際費に該当する取引を選びなさい。

［選択肢］
(1)　従業員の結婚祝いで社内規定に従って支給される金銭
(2)　得意先に配布する単価1,000円程度の粗品の費用
(3)　一般消費者を対象とする景品の交付費用
(4)　得意先を接待したあとの送迎タクシー代

解説 ••

　税務上の交際費とは事業関係者に対する接待、供応、慰安、贈答等のために支出する費用をいいますが、次の場合は交際費に該当しないものとされています。

　①従業員の福利厚生や慰安が目的で支出する費用
　②購入単価がおおむね3,000円以下の少額物品
　③不特定多数の者に対する広告宣伝的効果を意図するもの

　以上のことから、(1)は①に該当、(2)は②に該当、(3)は③に該当するため、(4)のみが税務上の交際費に該当することになります。

解答　(4)

例題 ②

　B社の行った次の取引のうち、税務上の寄附金に該当しない取引を選びなさい。

［選択肢］
(1) 国に対する100万円の寄附
(2) 子会社の従業員給与の負担
(3) 子会社に対して時価1,000万円の土地を100万円で売却
(4) 得意先役員の出産祝い

解説

　法人税法上の寄附金には、見返りを期待しない贈与や無償の供与だけでなく、資産を低額で譲渡した場合や、債務免除をした場合も対象となります。

　また、事業に直接関係ない者に対する金銭、物品等の贈与は寄附金に該当しますが、得意先に対する慶弔、禍福にさいして支出する費用は交際費に該当します。したがって、(4)は寄附金ではなく交際費に該当します。

解答　(4)

ワンポイント

交際費から除かれる費用

　例題1で解説した以外にも、次のような費用は交際費から除かれることとされています。
・もっぱら従業員の慰安を目的とする旅行等のために通常使われる費用
・カレンダーや手帳等の物品を贈与するために通常使われる費用
・会議での弁当等の飲食物を供与するために通常使われる費用
・1人当たり10,000円以下の飲食費（役職員等に対する接待等を除く）で一定の要件を満たすもの

▶法人税中間申告・納付……………………………

1 前年度実績による予定申告

事業年度が6カ月を超える企業は、事業年度開始の日以後6カ月を経過した日から2カ月以内に、以下の算式で計算した法人税額を申告納税しなければなりません。

> 前事業年度の法人税額×6／前事業年度の月数

実務上は「予定申告書」と前期の確定申告書の金額照合を行い、申告納税するだけで手続きが完了します。

したがって、実務上は、簡便性の観点から前年度実績による予定申告を採用する企業が一般的であるといえます。

なお、上記により計算した金額が10万円以下の場合には、中間申告書の提出は不要です。

2 仮決算による中間申告

仮決算による中間申告とは、事業年度開始の日から6カ月間を1事業年度とみなして、その期間の所得金額または欠損金額に基づいて法人税額を計算し、申告納税する方式をいいます。

前期と比較して業績が低迷しているような場合、季節要因により下期に所得が上がる傾向にある企業の場合には、仮決算による中間申告を行うことによって、前年度実績による予定申告よりも納税額を減少させることができるため、資金繰りを考えた場合には大きなメリットがあります。

一方で、仮決算による中間申告の場合、確定申告と同様の別表の作成が必要となるため、作成に必要なコストが上記のメリットに見合うかどうかを検討することが重要です。

なお、前年度実績による予定申告とは異なり、仮決算による中間

申告により計算した金額が10万円以下の場合でも、申告納税が必要
となります。

　ただし、納税額が前年度実績による税額より大きくなる場合、仮
決算による中間申告はできません。

3 中間申告書を提出しない場合

　提出期限までに中間申告書の提出がない場合には、その提出期限
において前年度実績による予定申告書が提出されたとみなされ、罰
則規定はありませんが、期限後の提出はいっさい認められないこと
になります。

　したがって、実務上は中間申告書の提出を行わない場合もありま
すが、納税については免除されるわけではないので、納税を忘れる
ことがないように注意する必要があります。

確定申告と中間申告の関係

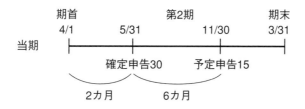

5/31の確定申告 30（第1期の所得100×30％＝30）

11/30の予定申告（5/31の確定申告 30× $\dfrac{6カ月}{12カ月}$ ＝15）

例　題 ①

　次に掲げる法人のうち、法人税の中間申告義務がある法人を選びなさい。

　なお、特に記載がないかぎり、事業年度はすべて1年とする。

［選択肢］

(1)　A社（当期の事業年度が6カ月）

(2)　B社（欠損のため、前事業年度の法人税額はない）

(3)　C社（前事業年度の法人税額は18万円）

(4)　D社（前期の事業年度が6カ月で法人税額は18万円）

解　説 ....

　法人税の中間申告は、事業年度が6カ月を超え、以下の算式で計算した法人税額が10万円超の法人について義務が生じます。

　前事業年度の法人税額×6／前事業年度の月数

　(1)のA社は、事業年度が6カ月を超えていないため、不要。

　(2)のB社は、上記の算式で計算した税額がないため、不要。

　(3)のC社は、上記の算式で計算した税額が9万円のため、不要。

　したがって、中間申告義務があるのはD社のみとなります。

　なお、D社は前年度実績により計算した場合、18万円の中間納税額を事業年度開始の日以後6カ月を経過した日から2カ月以内に納めなければなりません。

解答　（4）

例題 **2**

　3月決算のE社（事業年度は1年間で前事業年度は1,000万円の法人税額を納付）の法人税の中間申告期限として、適正な期限を選びなさい。

　なお、E社は法人税の申告期限1カ月の延長の承認を受けている。

［選択肢］
(1) 5月31日
(2) 9月30日
(3) 11月30日
(4) 12月31日

解説

　法人税の中間申告期限は、事業年度開始の日以後6カ月を経過した日から2カ月以内のため、3月決算の法人の場合は11月30日が期限となります。なお、申告期限延長の承認を受けていても、中間申告期限には関係ありません。

解答　(3)

ワンポイント

申告期限の延長

　法人税には、申告期限の延長という特例制度があり、申告期限を1カ月延長することができるため、3月決算で特例を受けている法人は、6月までに申告書を提出することになります。さらに、会計監査人を設置している場合で、かつ、定款の定めがある一定の会社は、申告期限を4ヶ月延長することもできます。ただし、中間申告の際には、この制度は適用されないため、提出期限に遅れた場合は、前期実績による予定申告書が提出されたものとみなされますので注意が必要です。

▶法人税確定申告・納付‥‥‥‥‥‥‥‥‥‥‥‥‥‥‥‥

1 確定申告書の提出期限

　企業は、原則として各事業年度終了の日の翌日から2カ月以内に、確定した決算に基づいて確定申告書を提出しなければなりませんが、以下の場合には、提出期限を延長することができます。

　　①事業年度終了の日の翌日から2ヶ月以内に決算についての定時
　　　株主総会が招集されない場合
　　　　→事業年度終了の日の翌日から3カ月以内
　　②会計監査人設置会社で事業年度終了の日の翌日から3ヶ月以内
　　　に決算についての定時株主総会が招集されない場合
　　　　→事業年度終了の日の翌日から6カ月以内
　　③災害その他やむをえない理由がある場合
　　　　→税務署長が指定した月数の延長

　また、納税の期限も同時に延長されますが、事業年度終了の日の翌日以後2カ月を経過した日から延長された期間までの利子税を支払う必要があるため、実務上は事業年度終了の日の翌日から2カ月以内に見込額を納付することが一般的です。

　なお、この場合の利子税は延滞税とは異なり、損金に算入されることとなります。

2 税務調整

　税務調整とは、会計上の利益と税務上の課税所得の差異を調整する手続きのことをいいます。税務調整には、会計上での処理が要求される決算調整事項と、申告書での調整が必要となる申告調整事項があります。

①決算調整事項

　決算調整事項とは、確定した決算において経理された場合に限り

税務上も認められる事項で、減価償却費や貸倒引当金の繰入れが代表例です。

②申告調整事項

　申告調整は、申告書への記載を条件に適用が認められる「任意申告調整事項」と、申告書において必ず調整しなければならない「必須申告調整事項」とに区分されます。

　任意申告調整事項の代表例は、受取配当等の益金不算入や所得税額控除であり、必須申告調整事項の代表例は、還付金等の益金不算入や法人税等の損金不算入です。

3 別表四と別表五（一）

　法人税の申告書のなかでもっとも重要性が高いといえる別表は、別表四と別表五（一）です。

　別表四は、会計上の利益から所得金額を計算する過程を表す税務上の損益計算書の役割を果たし、別表五（一）は、別表四の留保欄に記載された残高（利益積立金）等を表す税務上の貸借対照表の役割を果たしています。

4 添付書類

　法人税の申告書には、最低限、以下の書類の添付が必要となります。また、各種特例を受ける場合は、これら以外にも添付書類が必要となりますので、添付漏れがないよう注意が必要です。

　①貸借対照表
　②損益計算書
　③株主資本等変動計算書
　④勘定科目内訳明細書
　⑤事業概況書

例　題　①

　次に掲げる事項のうち、申告調整事項に該当しない事項を選びなさい。

［選択肢］
(1)　貸倒引当金の繰入れ
(2)　受取配当等の益金不算入
(3)　所得税額控除
(4)　寄附金の損金不算入

解　説 ....

　税務調整には、会計上の処理が要求される決算調整事項と、申告書での調整が必要となる申告調整事項があります。

　例題のうち、(1)貸倒引当金の繰入れは、損金経理を要件としており、会計上で貸倒引当金の繰入れを行ってはじめて損金算入が認められる事項です。

　なお、(2)の受取配当等の益金不算入と(3)の所得税額控除は、申告書への記載を条件に認められる「任意申告調整事項」に該当し、(4)の寄附金の損金不算入は、申告書において必ず調整しなければならない「必須申告調整事項」に該当します。

解答　(1)

例題 ②

　以下の書類のうち、法人税の申告書への添付が不要な書類を選びなさい。

［選択肢］
(1) 損益計算書
(2) 株主資本等変動計算書
(3) 事業概況書
(4) 事業報告

解説 ……………………………………………………………………

　(4)の事業報告は、法人税の確定申告書の添付書類には該当しません。

解答　(4)

ワンポイント
会計上の利益と課税所得

　法人税は、確定した決算に基づいて計算されるため、原則的に会計上の利益と課税所得は一致します。

　ただし、法人税法では、原則的には一般の会計基準に従いますが、一部税務と会計が不一致の部分だけを別段の規定として細かく規定しています。

　そこで、会計（決算書）上の儲けである当期純利益をもとに、会計と税務で考え方の違うところを調整して、税務（税務申告書）上の儲け（所得金額といいます）を算出します。会計と税務の相違を調整することを、申告調整といい、当期利益を増やすか減らすかのどちらかになり、当期利益を増やす調整を「加算」、減らす調整を「減算」といいます。

第**4**節

··

グループ通算制度

◉ グループ通算制度基礎 ·······························

1 グループ通算制度とは

　グループ通算制度とは、完全支配関係にある企業グループ内の各法人を納税単位として、個別に法人税額の計算及び申告を行いますが、その計算過程において損益通算等の調整を行う制度です。

　グループ通算制度の前身である連結納税制度の基本的な考え方を踏襲した上で、個別申告方式を採用することで制度の簡素化を図っています。そのため、後発的に修正申告や更正が行われた場合にも、原則として他の法人の税額計算を反映させない（遮断する）仕組みとなっています。

　また、グループ通算制度の開始・加入時の時価評価課税及び欠損金の持込み等については、組織再編税制と整合するように制度設計されています。

　グループ通算制度を適用するかどうかは、企業グループの任意となっています。

2 申請書の提出

　グループ通算制度を選択する場合には、原則として、適用を開始しようとする親法人の事業年度開始日の3カ月前までに国税庁長官に対して申請書を提出し、その承認を受ける必要があります。この申請は、通算親法人およびすべての通算子法人の連名で行わなければなりません。

3 適用範囲

　グループ通算制度の適用範囲は、内国法人（国内に本店または主たる事務所のある法人）である親法人（清算中の法人など一定の法人を除く）と、その親法人に発行済株式総数の100％を直接または間接に保有される内国法人である子法人（通算除外法人を除く）になります。

　通算除外法人になる法人として次に掲げるような法人があります。

・通算承認の取りやめの承認を受けた法人でその承認日の属する事業年度終了の日の翌日から同日以後5年を経過する日の属する事業年度終了の日までの期間を経過していない法人

・青色申告の承認の取消通知を受けた法人でその通知後5年を経過する日の属する事業年度終了の日までの期間を経過していない法人

・青色申告の取りやめの届出書を提出した法人でその提出後1年を経過する日の属する事業年度終了の日を経過していない法人

・投資法人、特定目的会社

・その他一定の法人（普通法人以外の法人、破産手続開始の決定を受けた法人等）

　注意すべきは、1で述べた通り、グループ通算制度を採用するかどうかは任意ですが、グループ通算制度を採用する場合、要件を満たす子法人はすべて強制的にグループ通算制度の適用を受けることになる点です。つまり、一部の子法人のみグループ通算制度を適用することはできないので、採用にあたっては注意が必要です。

4　継続適用

　グループ通算制度を採用した場合、継続適用が原則となります。グループ通算制度採用後に取り止めることは、グループ通算制度の適用を継続しがたいやむをえない事情がある場合にしか認められません。したがって、租税負担の面で単体納税のほうが有利だからという理由では取止めは認められないので、グループ通算制度の採用にあたっては注意が必要です。なお、取止めにあたっては、国税庁長官に申請書を提出し、その承認を受ける必要があります。

5　グループ通算制度における通算子法人の事業年度の特例

　通算親法人の事業年度開始の時にその通算親法人との間に通算完全支配関係がある通算子法人の事業年度は、通算親法人の事業年度開始の日に開始するものとされ、通算親法人の事業年度終了の時にその通算親法人との間に通算完全支配関係がある通算子法人の事業年度は、その終了の日に終了するものとされます。

　そのため、通算親法人と事業年度が異なる通算子法人は、通算親法人の事業年度に合わせて申告する必要があります。

　たとえば、通算親法人が3月決算、通算子法人が9月決算である場合、通算子法人の事業年度は、通算親法人の事業年度である4月1日から3月31日までとなります。この場合、連結子法人は9月決算であるので、会社法上はこれをもとに計算書類を作成することになりますが、税務申告についてはこれとは別に、通算親法人の事業年度に合わせて3月で区切って対応する必要があります。

事業年度の特例

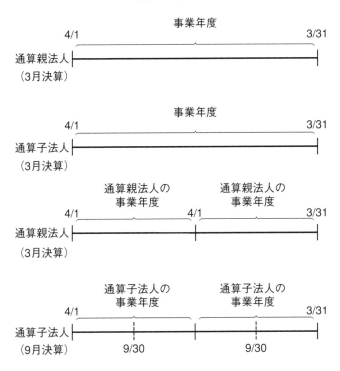

ワンポイント

グループ通算制度特有の用語

　グループ通算制度では、普段聞きなれない用語が頻発しますので、簡単に解説しておきます。

・通算親法人：通算親法人になれるのは、内国法人である普通法人と
　　　　　　　協同組合等に限られます。

・通算子法人：通算親法人による一定の完全支配関係がある内国法人
　　　　　　　に限ります。

・通算完全支配関係：通算親法人と通算子法人との間の一定の完全支
　　　　　　　　　　配関係または通算親法人との間にその一定の完全
　　　　　　　　　　支配関係がある通算子法人相互の関係をいいます。

6　地方税・消費税

　グループ通算制度は国税である法人税においてつくられた制度であり、地方税である法人事業税と法人住民税については、グループ通算制度は導入されていないため、損益通算の適用はありません。

　ただし、事業年度については、グループ通算制度における事業年度に従って申告することになっています。

　消費税についても、グループ通算制度の適用はありません。したがって、法人税についてグループ通算制度が適用される場合であっても、各法人が個別に税額を算定のうえ、申告、納付することになります。なお、課税期間については、原則として法人税の事業年度と同じ期間とされています。

7　準備

　グループ通算制度の採用は任意であり、その判断は企業グループの意思に委ねられています。採用するか否かの判断にあたっては、次の諸点について考慮する必要があります。

①グループ通算制度の範囲

　留意すべきは、連結財務諸表を作成している場合、グループ通算制度の通算子法人の範囲と連結財務諸表作成時の連結子会社の範囲が必ずしも同じではない点です。

②グループ通算制度採用時の個別制度の影響

　グループ通算制度適用開始時の時価評価の有無や繰越欠損金の引継ぎの有無、単体納税とは取扱いが異なる受取配当金、交際費、税率等については、事前にその影響についてグループ各社の利益や欠損の発生状況や、今後の見込みを含めて検討する必要があります。

③事務手続き全般の見直し

　グループ通算制度は通算親法人を主体として複数の法人をその適用範囲に含めることになるので、各法人の事業年度や会計方針、会計データの管理状況、各法人の担当部署の設置や協力関係の構築等、

事務手続き全般を見直す必要があります。なお、会社法の決算月については必ずしも通算親法人に統一する必要はないですが、グループ通算制度適用後の事務手続きを考慮すると事前に統一することが望ましいといえます。

8 グループ法人税制

　グループ法人税制とは、現行の単体課税のもと、所得通算までは行わない一方、グループ内取引やグループ法人のステータスについてグループ経営の実態を反映させることを目的として創設された制度です。

　こちらはグループ通算制度のように申請等により任意に選択するものではなく、100％資本関係のあるグループ内に関して強制的に適用されます。

＜主な内容＞

①100％グループ内法人間で行われる取引について

　100％グループ内の内国法人間で一定の資産（固定資産、土地、売買目的有価証券を除く有価証券、金銭債権、繰延資産のうち帳簿価額1,000万円以上のもの）の移転を行ったことにより生ずる譲渡損益は、グループ内の移転時点においては繰り延べることとなり、グループ外へ移転等をしたときに繰り延べられた譲渡損益が実現することになります。

　このほかにも、100％支配グループ内の法人からの受取配当、100％支配グループ内の法人間の寄附、現物分配、100％支配グループ内の法人の株式の発行法人への譲渡に係る取引等の取扱いも異なります。

②大法人の100％支配子法人に係る中小企業向け特例措置の不適用

　大法人（資本金5億円以上）の100％子法人は、子法人の資本金が1億円以下の中小企業であっても中小企業の特例の適用が不可となっています。適用できなくなる中小企業の特例は、交際費の損金不

算入の定額控除、法人税率の特例、特定同族会社の特別税率の不適用、貸倒引当金繰入額の損金算入、欠損金の繰戻しによる還付制度、繰越欠損金の損金算入制限の不適用などです。

ワンポイント
グループ法人税制で適用される制度

　完全支配関係がある法人間での取引に適用されるグループ法人税制ですが、「一定の資産の移転」以外でも強制的に適用される取引とルールのいくつかを簡単に紹介します。

・寄附金・受贈益の調整：完全支配関係間での寄附は、支出した法人側の寄附金が全額損金不算入となり、受領した法人側では全額益金不算入となります。

・受取配当金の益金不算入：完全支配関係のある法人から受けた配当は、負債利子を控除することなく、全額益金不算入となります。

・現物分配における譲渡損益：完全支配関係のある法人間での現物分配に関しては、譲渡損益を認識しません。

・株式の発行法人への譲渡：完全支配関係間で株式をその発行法人に対して譲渡した場合、譲渡損益は認識せず、譲渡した法人の資本金等の額を加算または減算します。

例 題 ①

　グループ通算制度に関する次の文章のうち、適切なものを選びなさい。

［選択肢］

(1) グループ通算制度を採用する場合、100％子法人のうち任意のものについてグループ通算制度を適用することができる。

(2) グループ通算制度を採用する場合、原則として、適用開始しようとする通算親法人の事業年度開始日の3カ月前までに国税庁長官に対して申請書を提出し、承認を受けなければならない。

(3) グループ通算制度は、継続適用が原則だが、租税負担の面で単体納税が有利になったら、グループ通算制度を取り止めることができる。

(4) グループ通算制度および連結財務諸表制度における子会社の範囲は同じである。

解 説 ……………………………………………………………

(1) グループ通算制度を採用するかどうかは企業グループの自由ですが、採用する場合、原則としてすべての100％子法人がその適用対象となります。したがって、任意に選択することはできません。

(3) グループ通算制度は、原則として継続適用することが必要です。グループ通算制度を取り止めるためには、やむをえない事情があることが必要になります。したがって、単に租税負担の面で単体納税よりも不利になったからという理由で取り止めることはできません。

(4) 連結財務諸表制度は、原則として親会社が50％超を出資している子会社が対象となりますが、グループ通算制度では、親会社と100％の出資関係にある子会社だけがその対象となります。

解答　(2)

● グループ通算制度計算 ....

1 概要

　グループ通算制度では、完全支配関係のある内国法人間の損益通算を行いますが、個別申告方式を採用していることで簡素化も図られています。グループ全体で計算する項目を減らしたり、後発的に修正・更正事由が発生したりした場合においても、他の通算法人の所得計算に影響が出ないようにされています。

　グループ通算制度の場合、単体納税にはない計算方法や仕組みがあり、その点については注意が必要です。

グループ通算制度の計算フロー

＜親会社A＞	＜子会社B＞	＜子会社C＞
調整前所得金額 （単体所得金額）	調整前所得金額 （単体所得金額）	調整前所得金額 （単体所得金額）
↓	↓	↓
損　益　通　算　等		
↓	↓	↓
所得金額	所得金額	所得金額
↓	↓	↓
調整前法人税額	調整前法人税額	調整前法人税額
↓	↓	↓
税　額　調　整		
↓	↓	↓
法人税額	法人税額	法人税額
申告・納付	申告・納付	申告・納付
修更正による他の法人への影響を遮断		

2 損益通算

　グループ通算制度では、所得が生じた法人と欠損が生じた法人の両方がある時に、所得が生じた法人は、欠損が生じた法人の欠損を損益通算して、所得を減額させることが出来ます。この損益通算をすることが、グループ通算制度を採用する大きなメリットと言えます。

　損益通算の方法は、各欠損法人の欠損金とグループ内の繰越欠損金の額を、所得を有している法人の各社の所得金額の比で配分する、いわゆるプロラタ方式で行います。

　損益通算により、所得法人が損金算入する金額は以下の通りです。

$$
損金算入額 = \begin{array}{c} 全欠損法人の \\ 欠損金額の合計額① \\ (③が限度) \end{array} \times \frac{\begin{array}{c} 各所得法人の \\ 所得金額② \end{array}}{\begin{array}{c} 全所得法人の \\ 所得金額合計③ \end{array}}
$$

　上記で計算された損金算入される金額の合計額と同額の所得が、欠損法人の欠損金額の比で配分されて、欠損法人の益金に算入されます。

3 損益通算の遮断措置

　通算グループ内のいずれかの法人で修更正事由が生じた場合には、損益通算に用いる通算前所得金額（損益通算及び欠損金の控除前の所得の金額）及び通算前欠損金額（損益通算前の欠損金額）を当初申告額に固定することにより、原則として、その修更正事由が生じた通算法人以外の他の通算法人への影響を遮断し、その修更正事由が生じた通算法人の申告のみが是正されるように手当されています。

4 計算各論

①寄附金

　寄附金の損金算入限度額については、内国法人の各事業年度終了の時の資本金の額及び資本準備金の額の合計額若しくは出資金の額又はその事業年度の所得の金額を基礎として一定の計算により算出した金額とされています。

　グループ通算制度を適用している法人については、上記の計算をグループ全体で計算するのではなく、通算法人ごとに計算します。

②譲渡損益調整

　グループ通算制度は、グループ全体を一体と見て課税を行う制度です。したがって、通算グループ内の法人間で資産の譲渡を行った場合、当該取引は通算グループ内部での取引にすぎないため、この時点で当該取引により生じた譲渡損益に対して課税することは適当ではありません。

　そこで、このような通算グループ内部で資産の譲渡を行った場合の譲渡損益については、その時点では課税せず、当該資産が通算グループ外部に譲渡されたとき、あるいは当該資産が通算グループ内部で減価償却等の費用化がされるときなど、一定の事由が生じるまで課税を繰り延べる制度が採用されています。

　譲渡損益調整の対象取引は、本来、通算グループ法人間で行われるすべての取引とすべきですが、実務上の便宜に配慮して、通算グループ法人間で行われる譲渡損益調整資産の譲渡取引に限定されています。ここで譲渡損益調整資産とは、次に掲げる資産のうち、譲渡直前の帳簿価額が1,000万円以上のものをいいます。

　イ．固定資産

　ロ．土地（土地の上に存する権利を含み、固定資産に該当するものを除く）

　ハ．有価証券（譲渡側または譲受側で売買目的有価証券とされるものを除く）

　　ニ．金銭債権

　　ホ．繰延資産

　譲渡損益調整は、譲渡損益調整資産の譲渡を行った法人において行います。具体的には、譲渡法人側で、申告調整により譲渡利益相当額を損金算入し、譲渡損失相当額を益金算入します。

　また、繰り延べられてきた譲渡損益について、例えば次に掲げる事由が生じた場合には譲渡損益を計上します。

　　イ．譲渡損益調整資産を取得した法人（譲受法人）が完全支配関係グループ内の他の法人へその譲渡損益調整資産を譲渡したとき

　　ロ．譲受法人が完全支配関係グループ外の第三者へその譲渡損益調整資産を譲渡したとき

　　ハ．譲受法人においてその資産の償却、評価換え、貸倒れ、除却等を行ったとき

　　ニ．譲渡損益調整資産を譲渡した法人（譲渡法人）が一定の事由により譲受法人との間に完全支配関係を有しないこととなったとき

　　ホ．譲渡法人が通算制度の開始・加入・離脱等に伴う時価評価を行うこととなったとき

③投資簿価修正

　通算グループ内の利益・損失の二重課税を排除する目的で、グループ離脱時に通算子法人株式の投資簿価修正を行います。

　グループ通算制度においては、原則として、離脱する通算子法人株式の離脱直前の帳簿価額をその離脱する通算子法人株式の離脱直前の簿価純資産価額と等しくなるように修正します。

　ただし、子法人の離脱時に簿価純資産価額に反映されていない買収時のプレミアム相当については、特例的に「資産調整勘定対応金額等（株式の取得価額と取得時の時価純資産価額との差額）」を簿価純資産価額に加算することが出来ます。

例題 ①

　グループ通算制度の計算に関する次の文章のうち、適切なものを選びなさい。

[選択肢]
(1)　グループ通算制度では、損益通算の遮断措置は手当されていない。
(2)　グループ通算制度における計算は、すべて単体納税の場合と同様に行う。
(3)　寄附金については、通算法人ごとに損金不算入額を計算する。
(4)　投資簿価修正は、子法人株式の離脱直前の簿価純資産価額に修正する以外の算定方法はない。

解説 ・・

(1)　原則として、その修更正事由が生じた通算法人以外の他の通算法人への影響を遮断し、その修更正事由が生じた通算法人の申告のみが是正されるように手当されています。
(2)　グループ通算制度では、損益通算を行う等単体納税にないグループ通算制度固有の計算をする場合もあるので注意が必要です。
(4)　投資簿価修正に関して、特例的に「資産調整勘定対応金額等（株式の取得価額と取得時の時価純資産価額との差額)」を簿価純資産価額に加算することが出来ます。

解答　(3)

例 題 **2**

　グループ通算制度の計算に関する次の文章のうち、適切でないものを選びなさい。

［選択肢］
(1) 譲渡直前の帳簿価額が1,000万円以上の土地は、固定資産であろうと棚卸資産であろうと譲渡損益調整資産に該当する。
(2) 譲渡損益調整は、譲渡損益調整資産を譲渡した法人側で調整する。
(3) 損益通算は、プロラタ方式で行う。
(4) プロラタ方式は、通算法人の総資産金額の比で行う。

解 説

(1)(2)　譲渡損益調整資産は、譲渡直前の帳簿価額が1,000万円以上の一定の資産が該当し、棚卸資産は原則としてこれに該当しませんが、土地については、固定資産の場合だけでなく、棚卸資産の場合（販売用不動産）においても譲渡損益調整資産に該当します。また、譲渡損益調整は、譲渡損益調整資産を譲渡した法人で行います。
(3)(4)　損益通算の方法は、各欠損法人の欠損金とグループ内の繰越欠損金の額を、所得を有している法人の各社の所得金額の比で配分する、いわゆるプロラタ方式で行います。

解答　(4)

▶ グループ通算制度申告・納付・・・・・・・・・・・・・・・・・・・・

1 個別申告方式

適用を受ける通算グループ内の各通算法人を納税単位として、各通算法人が個別に法人税額の計算と申告を行います。

2 e-Taxによる申告

通算法人は、事業年度開始の時における資本金の額又は出資金の額が1億円超であるか否かにかかわらず、e-Tax（電子情報処理組織）を使用する方法により申告書を提出する必要があります。

3 確定申告・納付

①申告

通算法人は、事業年度終了の日の翌日から2カ月以内に、確定申告書を所轄税務署長に対して提出しなければなりません。

ただし、通算親法人が確定申告書の提出期限延長の特例を受ける場合には、全ての通算法人が、申告期限を2カ月延長することができます。この場合、事業年度終了の日の翌日から45日以内に、通算親法人の所轄税務署長に申請書を提出する必要があります。

なお、通算親法人が、通算子法人の法人税の申告に関する事項の処理として、その通算親法人の代表者又は国税庁長官が定める者の電子署名を行い申告書記載事項又は添付書類記載事項をe-Taxによる申告に併せて入力して送信し、又は提出する方法等により提供した場合には、その通算子法人はこれらの記載事項をe-Taxにより提供したものとみなされます。すなわち、この通算親法人の電子署名を用いた方法等による通算子法人の申告書記載事項の提供により、通算子法人は、e-Taxにより確定申告を行ったこととなります。

②納付

　通算法人は、確定申告書の提出期限（事業年度終了の日の翌日から2カ月以内）までに、法人税額を納付しなければなりません。

a. 利子税

　申告書の提出期限の延長が認められている場合には、納付期限も申告期限と同様、2カ月間延長されます。ただし、単体の税務申告と同様、延長された期間に関しては利子税が課されます。

b. 通算税効果額の精算

　グループ通算制度では、グループ内の損益通算等の適用を受けたことにより減少する法人税・地方法人税（通算税効果額）を通算法人間で精算金として受け渡すことを想定しています。この通算税効果額の精算金については、支払った通算法人は損金不算入として扱い、受け取った通算法人は益金不算入として扱うこととされています。

c. 連帯納付義務

　通算法人は、他の通算法人の法人税について、連帯納付の責任を負います。義務があるので、通算法人が法人税額を納付できない場合には、他の通算法人に対して納付が要求されます。

4 中間申告・納付

　通算法人ごとに中間申告と納税を行います。通算子法人が中間申告を行う場合は、通算親法人の事業年度開始の日以後6ヶ月を経過した日から2カ月以内に中間申告書を提出しなければなりません。

　中間申告は、原則として前期実績に基づきますが（予定申告）、仮決算を行い、当期実績に基づくことも認められています。ただし、その場合は、通算グループ内の全ての通算法人が仮決算に基づく中間申告書を提出する必要があります。なお、中間申告では還付はありません。

例 題 ①

　グループ通算制度の申告と納付に関する次の文章のうち、適切なものを選びなさい。

［選択肢］

(1) 通算親法人はe-Taxで申告する必要はあるが、通算子法人は資本金が1億円以下であればe-Taxで申告する必要はない。

(2) グループ通算制度の確定申告書の申告期限を延長している場合には、その延長に係る期限までに納付すれば、特に本税以外に課せられる税金はない。

(3) グループ通算制度で確定申告書の申告期限を延長する場合には、事業年度終了の日の翌日から45日以内に通算親法人が所轄税務署長に申請書を提出する必要がある。

(4) 中間申告は、前期実績に基づく予定申告しか認められない。

解 説 ……………………………………………………………………

(1) 通算法人は、事業年度開始の時における資本金の額又は出資金の額が1億円超であるか否かにかかわらず、e-Tax（電子情報処理組織）を使用する方法により申告書を提出する必要があります。

(2) グループ通算制度の確定申告書の申告期限を延長している場合においては、納付期限も延長されますが、延長された期間に関しては利子税が課されます。

(4) 中間申告は、原則として、前期実績に基づく予定申告によりますが、仮決算を行い、当期実績に基づくことも認められています。

解答　(3)

例 題 ②

　グループ通算制度の申告と納付に関する次の文章のうち、適切でないものを選びなさい。

［選択肢］

(1) グループ通算制度の確定申告書の申告期限を延長している場合において、納付期限までに納付しなかった場合には、納付期限から延長された期間について延滞税が課せられる。

(2) 通算子法人は、連帯納付義務があるので、通算親法人が法人税額を納付しない場合には、通算子法人が納付を求められることもある。

(3) 通算税効果額の精算を行った場合は、申告調整をする必要がある。

(4) 中間申告については、還付されることはない。

解 説 ･･･

(1) 連結確定申告書の申告期限を延長している場合において、納付期限までに納付しなかった場合には、納付期限から延長された期間に関して利子税が課せられます（延滞税ではない）。なお、利子税は損金算入となります。

(2) 通算法人は、他の通算法人の法人税について、連帯納付の責任を負います。

(3) 通算税効果額の精算金については、支払った通算法人は損金不算入として扱い、受け取った通算法人は益金不算入として扱うこととされています。

(4) 中間申告では、還付はなく、確定申告で精算されます。

解答　(1)

第5節
税務調査

▶調査前準備

1 税務調査とは

税務調査とは、税務申告および納付が適正・適法に行われているかどうかを確認するために課税庁が行う調査をいいます。法人税や消費税については、納税者（法人）が自ら所得および税額を計算のうえで確定申告を行い、その申告に基づいて自主的に納付する申告納税制度が採用されています。

したがって、法人が税法に基づいて正しく計算を行ったかどうかは、申告しただけではわかりません。そこで、法人が過年度に行った申告が適正・適法に行われているかどうかを課税庁の職員が確認する必要が生じます。このために行われるのが税務調査です。したがって、税務調査は、申告納税制度を担保する機能があります。

2 税務調査の種類

①強制調査と任意調査

税務調査には、強制調査と任意調査があります。

強制調査とは、国税犯則取締法に基づいて国税局の査察部が裁判所の捜査令状をもとに行う調査です。これは相当多額で悪質な不正が予想される場合に行われます。

これに対して、任意調査とは、納税者の同意に基づいて行われる調査です。各税法には、調査について必要があるときは、質問し、検査することができると規定されており、任意調査はこの質問検査権に基づいて行われます。任意ではありますが、正当な理由がなく

調査を拒否した場合には、一定の罰則が規定されています（受忍義務）。

②机上調査、実地調査、反面調査

机上調査は、課税庁内で税務職員が納税者の提出した申告書等の内容を検討する調査です。

実地調査とは、実際に会社等へ出向いて行う調査です。

このうち、納税者自身の調査だけでは不明点等が解明できない場合などに行われるのが反面調査で、取引先や銀行等、納税者と取引関係にある者へ行われる調査をいいます。

3　法人税務調査（任意調査）の概要

法人の税務調査は、原則として、資本金1億円以上の内国法人と外国法人については国税局、資本金1億円未満の内国法人については税務署がそれぞれ所管することになっています。

法人の税務調査では、法人税、消費税、源泉所得税、印紙税等が調査の対象とされます。法人税の調査対象期間は、原則5年です。

また、通常、税務調査を行う場合には、事前に連絡があります。ただし、現金売上が主体の業種や不正の疑いがあるなどの場合は、事前連絡がないこともあります。事前連絡があった場合には、調査日時、調査担当者および人数、調査税目、調査対象期間、必要書類等を確認します。調査日時については、会社の業務上の都合等で対応が難しい場合には、その旨を説明し、日程の調整を申し出ることもできます。

なお、税務調査で通常準備しておく書類としては、申告書、決算書、総勘定元帳、補助元帳、見積書、請求書、領収書、納品書、契約書、稟議書、議事録、給与台帳、従業員名簿、組織図、業務案内、社内規程等があります。

例　題　①

税務調査に関する次の文章のうち、適切なものを選びなさい。

［選択肢］

(1) 任意調査は、正当な理由がなく調査を拒否しても罰則の適用はない。

(2) 強制調査は、裁判所の捜査令状がなくても実施することができる。

(3) 任意調査では、調査対象会社に対して必ず事前通知がある。

(4) 税務調査は、法人が行った申告が適正・適法にされているかを確認する行為である。

解　説　……………………………………………………………………

(1) 任意調査は、各税法に規定されている質問検査権に基づいて行われる税務調査です。任意ではありますが、正当な理由がなく調査を拒否した場合には、一定の罰則が規定されています。

(2) 強制調査は、国税犯則取締法に基づき、国税局査察部が裁判所の捜査令状をもとに行う調査です。

(3) 任意調査では、原則として、調査対象会社に対して事前連絡がありますが、現金商売や不正の疑いがある場合には、事前連絡がないこともあります。

解答　(4)

例題 ②

税務調査に関する次の文章のうち、適切でないものを選びなさい。

［選択肢］

(1) 納税者自身の調査だけでは不明点等が解明できない場合には、納税者と取引関係のある者へ反面調査を実施することがある。

(2) 机上調査とは、税務当局内で税務職員が納税者の提出した申告書等の内容を検討する調査で、税務調査の調査対象会社を選定する場合等に行われる。

(3) 法人の税務調査では、法人税のほか、消費税、源泉所得税、印紙税等が調査の対象とされる。

(4) 税務調査の連絡があった場合、調査日時には必ず従わなければならない。

解説

(1) 実際に調査対象会社に出向いて行う実地調査のうち、納税者自身の調査だけでは解明できない点等がある場合には、取引関係にある者に対して反面調査をすることがあります。

(2) 机上調査とは、納税者の提出した申告書等を税務職員が税務当局内で検討する調査をいいます。

(3) 法人の税務調査では、通常、法人税、消費税、源泉所得税、印紙税等が調査の対象となります。

(4) また、任意調査では、原則として、事前連絡がありますが、税務当局が希望する調査日時では、会社が業務の都合上対応できないような場合には、その旨を説明し、日程を調整することもできます。

解答　(4)

▶調査対応……………………………………………………………

1 調査中の対応

　税務調査では、調査官の質問等に対して、納税者が回答することによって進められます。したがって、調査官に対する納税者の対応の仕方は重要です。調査官の質問等に対しては、簡潔明瞭に、正確に回答し、誠実な対応を心がけることが大切です。また、調査内容は過去のことになるので、記憶が不明確な場合には即答を避け、調査のうえで回答するようにします。調査中、税務上の解釈等について調査官と意見が食い違うことがあっても、すぐに結論を出さず、十分に検討のうえで回答するようにします。

　調査官の指摘事項は、その法的根拠を把握し、事実関係を社内で確認のうえ、必要があれば顧問税理士等の専門家の意見も参考にし、指摘事項を受け入れるか否かについて最終的な判断を下します。

2 更正・決定と期間制限

①更正と決定

　税務調査の結果、申告された課税標準または税額が課税庁の計算と異なるときは、更正が行われます。また、申告書を提出する義務がある者が、その申告書を提出しなかった場合には、決定が行われます。なお、課税庁は更正処分をせずに、修正申告を求めることがあります。これを修正申告の慫慂（しょうよう）といいます。更正処分も修正申告書の提出も税負担の観点からは同じですが、後者の場合、いったん提出すると不服申立てをすることができないので注意が必要です。

②期間制限

　更正や決定等の処分については、無制限に認めると納税者の法的安定性が得られないことから、期間制限が設けられています。法人税に係る更正処分は、期限内申告書の提出があった場合、法定申告

期限から5年経過後はすることができません。決定についても同様です。ただし、偽りその他不正の行為によって税を免れた脱税等に係る更正は、法定申告期限から7年経過日まですることができます。

3 附帯税

　附帯税とは、法定申告期限または法定納期限までに適正な申告または納付がされていない場合に課されるもので、加算税や延滞税等があります。

　加算税には、申告期限内に申告した金額が少なかった場合に課される過少申告加算税や、申告期限内に申告しなかった場合に課される無申告加算税、税額計算のもとになる事実について仮装、隠蔽があった場合に課される重加算税等があります。

　延滞税は、本来納付すべき税金を法定の納期限までに完納しなかった場合に課されます。

4 救済措置

①再調査の請求

　税務署長が行った更正や決定などの処分に不服がある場合には、処分の通知を受けた日の翌日から3カ月以内に税務署長に対して再調査の請求を求めることができます。ただ、再調査の請求を経ずに、②に記載の審査請求を行うこともできます。

②審査請求

　税務署長が行った更正などの処分に不服があるときには、処分の通知を受けた日の翌日から3カ月以内に、国税不服審判所長に対して審査請求を行うことができます。また、①に記載の再調査の請求を行った場合でも、再調査の請求についての決定後の処分になお不服があるときは、再調査決定書の通知を受けた日の翌日から1カ月以内に審査請求を行うことができます。

③訴訟

　さらに、審査請求に対する処分になお不服がある場合には、裁決

の通知を受けた日の翌日から6ヶ月以内に裁判所に訴訟を提起することができます。

例題 ①

税務調査に関する次の文章のうち、適切なものを選びなさい。

［選択肢］
(1) 更正とは、納税申告書が提出されていない場合に課税庁により行われる処分である。
(2) 決定とは、納税申告書が提出されている場合に課税庁により行われる処分である。
(3) 法人税に係る更正処分は、脱税があった場合であっても、法定申告期限から7年経過日後においてはすることができない。
(4) 修正申告書を提出した場合でも、不服申立てをすることができる。

解　説 ・・・

(1) 更正とは、納税申告書が提出されていることを前提に行われる課税庁の処分です。
(2) 決定とは、納税申告書が提出されていないことを前提に行われる課税庁の処分です。
(4) 税務調査の指摘事項に対して不服がある場合でも、課税庁による修正申告の慫慂に応じて修正申告書を提出したときは、不服申立てをすることはできません。

解答　(3)

例題 ②

税務調査に関する次の文章のうち、適切でないものを選びなさい。

［選択肢］

(1) 過少申告加算税とは、申告期限内に申告した金額が少なかった場合に課される。

(2) 延滞税とは、本来納付すべき税金を法定の納期限までに完納しなかった場合に課せられる。

(3) 税務署長による更正や決定等の処分に不服がある場合には、その処分を行った税務署長に対して処分の通知を受けた日の翌日から3カ月以内に再調査の請求を行うことができる。

(4) 税務署長による更正や決定等の処分に不服がある場合には、税務署長に対する再調査の請求や国税不服審判所に対する審査請求を経ずに、裁判所に対して訴訟を提起することができる。

解説 ....

(1) 過少申告加算税とは、申告期限内に申告した金額が少なかった場合に課せられる加算税です。

(2) 延滞税とは、本来納付すべき税金を法定の納期限までに完納しなかった場合に課せられます。

(3) 税務署長による更正や決定等の処分に不服がある場合には、その処分を行った課税庁に対して、処分の通知を受けた日の翌日から3カ月以内に再調査の請求を行うことができます。

(4) 税務訴訟は、不服申立てに対する決定または裁決を経たあとでなければ提起することはできません。

解答　(4)

第6節
電子帳簿保存法

 電子帳簿保存法とは……………………………………

　電子帳簿保存法は、国税関係帳簿書類のデータ保存を可能とする法律で、同法に基づく各種制度を利用することで、経理のDXを図ることができます。

　電子帳簿保存法の概要は次のとおりです。

（1）　国税関係帳簿書類のうち電子計算機を使用して作成している国税関係帳簿書類については、一定の要件の下で、電磁的記録等による保存等（国税関係帳簿の場合には備付け及び保存をいう）が認められています。

　電磁的記録とは、情報（データ）それ自体あるいは記録に用いられる媒体のことではなく、一定の媒体上にて使用し得る（一定の順序によって読みだすことができる）情報が記録・保存された状態にあるものをいいます。具体的には、情報がハードディスク、コンパクトディスク、DVD、磁気テープ、クラウド（ストレージ）サービス等に記録・保存された状態にあるものをいいます。

　また、取引の相手先から受け取った請求書等及び自己が作成したこれらの写し等の国税関係書類（決算関係書類を除く）について、書面による保存に代えて、一定の要件の下で、スキャン文書による保存が認められます。

　電子帳簿保存では、スキャナ保存制度、スキャン文書、スキャナという言葉がよく出てきますが、それぞれの定義は次のようになっ

ています。

　スキャナ保存制度……取引の相手先から受け取った請求書等及び
自己が作成したこれらの写し等の国税関係書類（決算関係書類を除
く）について、一定の要件の下で、書面による保存に代えて、スキ
ャン文書による保存が認められる制度

　スキャン文書……書面による保存に代えて一定の要件の下でスキ
ャナを使って読み取って作成した電子化文書

　スキャナ……書面（紙）の国税関係書類を電磁的記録に変換する
入力装置をいいます。一般的に「スキャナ」や「複合機」として販
売されている機器が該当します。また、例えば、スマートフォンや
デジタルカメラ等についても、上記の入力装置に該当すれば、「ス
キャナ」に含まれます。

(2)　所得税（源泉徴収に係る所得税を除く）及び法人税の保存義
務者がいわゆるEDI取引やインターネットを通じた取引等の電子取
引を行った場合には、電子取引により授受した取引情報（注文書、
領収書等に通常記載される事項）を電磁的記録により保存しなけれ
ばなりません。

　（1）の元帳や決算書類の電子帳簿等保存や領収書や請求書のスキ
ャナ保存の実施は任意ですが、（2）の電子取引の保存は、所得税

ワンポイント

EDI取引

　EDI取引のEDIとはElectronic Data Interchange（電子データ交換）
の略です。
　ビジネス上の取引で発生する発注書や納品書、請求書などの証憑類を
電子化し、取引先と専用回線などを使って接続して電子データで交換す
る取引のことを言います。

法・法人税法上の保存義務者は義務となっていますので、注意が必要です。

▶ 電子帳簿等保存の帳簿や書類の範囲‥‥‥‥‥

電子帳簿保存法における帳簿や書類の範囲は概ね以下の通りとなっています。

図の一番右の電子取引に関しては、電磁的記録の保存が義務となっています。

国税関係帳簿	国税関係書類			電子取引
		取引関係書類		電子メール・EDI取引・クラウドサービスなどによる授受
	決算関係書類	自己が作成した書類の写し等	相手から受領した書類等	
・仕訳帳 ・総勘定元帳 ・現金出納帳 ・固定資産台帳 等	・貸借対照表 ・損益計算書 ・棚卸表 等	・請求書 ・領収書 ・納品書 ・注文書 ・見積書 等	・請求書 ・領収書 ・納品書 ・注文書 ・見積書 等	・請求書 ・領収書 ・納品書 ・注文書 ・見積書 等
電子帳簿等保存		スキャナ保存		電子データ保存

対象となる帳簿や書類ごとの制度は次のようになっています。

1. 国税関係帳簿書類の電磁的記録による保存等の制度の概要

（1） 国税関係帳簿書類の保存義務者は、国税関係帳簿の全部又は一部について、自己が最初の記録段階から一貫して電子計算機を使用して作成する場合には、一定の要件の下で、その電磁的記録の備付け及び保存をもってその帳簿の備付け及び保存に代えることができます。

（2） 保存義務者（国税に関する法律の規定により国税関係帳簿書

類の保存をしなければならないこととされている者）は、国税関係書類の全部又は一部について、自己が一貫して電子計算機を使用して作成する場合には、一定の要件の下で、その電磁的記録の保存をもってその書類の保存に代えることができることとされています。

　また、一定の国税関係帳簿について、訂正・削除の履歴が残る等の「優良な電子帳簿」の要件を満たして備付け及び保存を行っている場合には、あらかじめ「国税関係帳簿の電磁的記録等による保存等に係る過少申告加算税の特例の適用を受ける旨の届出書」を提出することによって過少申告加算税が5％軽減される制度があります。

2. 国税関係帳簿書類のCOMによる保存等の制度の概要

(1)　保存義務者は、国税関係帳簿の全部又は一部について、自己が最初の記録段階から一貫して電子計算機を使用して作成する場合には、一定の要件の下で、その電磁的記録の備付け及びCOMの保存をもってその帳簿の備付け及び保存に代えることができることとされています。

　ここで、COMとは、電子計算機を用いて電磁的記録を出力することにより作成するマイクロフィルムをいいます。電子帳簿保存法では、「電子計算機出力マイクロフィルム」という用語で定義されています。

(2)　保存義務者は、国税関係書類の全部又は一部について、自己が一貫して電子計算機を使用して作成する場合には、一定の要件の下で、そのCOMの保存をもってその書類の保存に代えることができることとされています。

(3)　国税関係帳簿書類の電磁的記録による備付け及び保存をもって書類の保存に代えている保存義務者は、一定の要件の下で、そのCOMの保存をもってその電磁的記録の保存に代えることができることとされています。

3. スキャナ保存制度の概要

　保存義務者は、国税関係書類（財務省令で定めるものを除く）の全部又は一部について、その国税関係書類に記載されている事項を財務省令で定める装置により、電磁的記録に記録する場合には、一定の要件の下で、その電磁的記録の保存をもって国税関係書類の保存に代えることができることとされています。

　国税関係書類のうち、財務省令で除かれるものとしては、棚卸表、貸借対照表及び損益計算書並びに計算、整理又は決算に関して作成されたその他の書類が定められています。

　国税関係書類に記載されている事項を電磁的記録に記録する財務省令で定める装置として、スキャナが定められています。

4. 電子取引の取引情報に係る電磁的記録の保存制度の概要

　所得税（源泉徴収に係る所得税を除く）及び法人税に係る保存義務者は、電子取引を行った場合には、一定の要件の下で、その電子取引の取引情報に係る電磁的記録を保存しなければならないこととされています。

　ここで電子取引とは、取引情報（取引に関して受領し、又は交付する注文書、契約書、送り状、領収書、見積書その他これらに準ずる書類に通常記載される事項をいう）の授受を電磁的方式により行う取引をいい、いわゆるEDI取引、インターネット等による取引、電子メールにより取引情報を授受する取引（添付ファイルによる場合を含む）、インターネット上にサイトを設け、そのサイトを通じて取引情報を授受する取引等が含まれます。

　電子取引の取引情報に係る電磁的記録の保存等に当たっては、可視性（以下の①②③）や真実性（以下の④）を確保するための要件を満たす必要があります。

　具体的には次のことが要件として定められています。

①電子計算機処理システムの概要を記載した書類の備付け（自社開発のプログラムを使用する場合に限る）

②ディスプレイやプリンター等の見読可能装置の備付け等

③検索機能の確保

　一　取引年月日その他の日付、取引金額及び取引先を検索の条件として設定することができること

　二　日付又は金額に係る記録項目については、その範囲を指定して条件を設定することができること

　三　二以上の任意の記録項目を組み合わせて条件を設定することができること

　上記の検索機能の確保に関して、税務職員の質問検査権に基づくダウンロードの要請に応じる場合は二と三の要件は不要です。

　また、税務職員の質問検査権に基づく電子取引データのダウンロードの求めに応じることができるようにしている場合に、以下の場合は検索機能の全てを不要とする措置があります。

　イ　検索機能が不要とされる対象者の範囲が、基準期間（2課税年度前）の売上高が5,000万円以下の保存義務者

　ロ　電子取引データをプリントアウトした書面を、取引年月日その他の日付及び取引先ごとに整理された状態で提示・提出することができるようにしている保存義務者

④真実性の確保のために次のいずれかの措置を行う必要があります。

　一　タイムスタンプが付されたデータを受領

　二　速やかに（又はその業務の処理に係る通常の期間を経過した後、速やかに）タイムスタンプを付す

　三　データの訂正削除を行った場合にその記録が残るシステム又は訂正削除ができないシステムを利用して、授受及び保存を行

　　う

　四　訂正削除の防止に関する事務処理規程を策定、運用、備付け

　電子取引データの保存は事務的な負担も多いことから、猶予措置が整備されています。具体的には、次のいずれの要件も満たしている場合に改ざん防止や検索機能など保存時に満たすべき要件に沿った対応は不要となり、電子取引データを単に保存しておくだけでよいこととなっています。

①保存時に満たすべき要件に従って電子取引データを保存することができなかったことについて、所轄税務署長が相当の理由があると認める場合（事前申請等は不要）

②税務職員の質問検査権に基づく電子取引データのダウンロードの求め及びその電子取引データをプリントアウトした書面の提示・提出の求めにそれぞれ応じることができるようにしている場合

例　題　①

　電子帳簿保存法において、電磁的記録を保存することが任意ではなく義務となっている保存対象で、最も適切なものを1つ選びなさい。

［選択肢］
(1)　国税関係帳簿
(2)　国税関係書類のうち決算関係書類
(3)　国税関係書類のうち取引関係書類
(4)　電子取引

解　説 ....

　電子帳簿保存法において、電子取引を行った場合には、当該電子取引の取引情報に係る電磁的記録を保存しなければならないと定められており、電磁的記録の保存が、任意ではなく義務となっています。それに対して国税関係帳簿や国税関係書類の一部を電磁的記録で保存することや国税関係書類の一部をスキャナ保存することは任意となっています。

解答　(4)

第**7**節
消費税インボイス制度

▶ インボイス制度の概要

1 インボイスとは

　インボイスとは、適格請求書のことで、「売手が、買手に対し正確な適用税率や消費税額等を伝えるための手段」であり、一定の事項が記載された請求書や納品書その他これらに類するものをいいます。

　請求書や納品書、領収書、レシート等、その書類の名称は問いません。

2 インボイス制度とは

　インボイス制度とは、正式名称を「適格請求書等保存方式」といい、請求書などの交付や保存に関わる制度のことです。

　インボイス制度の下では、税務署長に申請して登録を受けた課税事業者である「インボイス発行事業者」（適格請求書発行事業者）が交付する「インボイス」（適格請求書）等の保存が仕入税額控除の要件となります。

3 適格請求書発行事業者

　インボイスを交付できるのは、適格請求書発行事業者のみに限られます。適格請求書発行事業者の登録がない事業者は、インボイスを発行することはできません。

　インボイス発行事業者となるためには、登録申請手続を行い、登録を受ける必要があります。

　基準期間（個人事業主は前々年、法人は前々事業年度）の課税売上高が1,000万円以下の事業者は、基本的に消費税の申告・納付義務がありません。このような、消費税の納税義務が免除されている事業者を、免税事業者と呼びます。

　適格請求書発行事業者の登録を受けられるのは、消費税の課税事業者だけです。そのため免税事業者は、インボイス制度の導入にあたり、インボイスを発行できるように課税事業者になるか、インボイスを発行できない免税事業者のままでいるかを選択する必要があります。

　免税事業者が登録を受けるには、原則として、消費税課税事業者選択届出書を提出し、課税事業者になる必要があります。ただし、インボイス制度導入の経過措置として、2023年10月1日から2029年9月30日までの日の属する課税期間中において、2023年10月1日以後に登録を受ける場合には、適格請求書発行事業者の登録申請書に登録希望日（提出日から15日以降の登録を受ける日として事業者が希望する日）を記載して提出することで、その登録希望日から課税事業者になる措置が設けられていて、消費税課税事業者選択届出書の提出は不要です。

　インボイス発行事業者は、基準期間の課税売上高が1,000万円以下となった場合であっても免税事業者にはならず、消費税及び地方消費税の申告義務が生じますので注意が必要です。

▶インボイス発行事業者の義務等………………

　インボイス発行事業者には、取引の相手方（課税事業者）の求めに応じて、インボイスを交付する義務があります。また交付したインボイスの写しを保存する義務が課されます。

　インボイスの写しや電磁的記録については、交付した日又は提供した日の属する課税期間の末日の翌日から2月を経過した日から7年

間、保存しなければなりません

1 インボイスの記載事項

　インボイス制度によって適用されるインボイスに記載が必要な項目は、下記のとおりです。

①インボイス発行事業者の氏名又は名称及び登録番号
②取引年月日
③取引内容（軽減税率の対象品目である旨）
④税率ごとに区分して合計した対価の額（税抜き又は税込み）及び適用税率
⑤税率ごとに区分した消費税額等（端数処理は1インボイス当たり、税率ごとに1回ずつ）
⑥書類の交付を受ける事業者の氏名又は名称

　「登録番号」は、適格請求書発行事業者の登録をすると通知されます。

2 簡易インボイス

　不特定多数の者に対して販売等を行う場合や小売業、飲食店業、タクシー業等に係る取引については、適格請求書に代えて、適格簡易請求書（簡易インボイス）を交付することができます。
　簡易インボイスの記載事項は、上記インボイスの記載事項のうち①から⑤となります。ただし、「適用税率」または「税率ごとに区分した消費税額等」はいずれか一方の記載で足ります。
　また、上記⑥の「書類の交付を受ける事業者の氏名又は名称」は記載不要です。

3 適格請求書の交付義務が免除される取引

　適格請求書の交付が困難な取引として、次の取引は、交付義務が免除されています。

①3万円未満の公共交通機関（船舶、バス又は鉄道）による旅客の運送

②出荷者等が卸売市場において行う生鮮食料品等の販売（出荷者から委託を受けた受託者が卸売の業務として行うものに限る）

③生産者が農業協同組合、漁業協同組合又は森林組合等に委託して行う農林水産物の販売（無条件委託方式かつ共同計算方式により生産者を特定せずに行うものに限る）

④3万円未満の自動販売機及び自動サービス機により行われる商品の販売等

⑤郵便切手類のみを対価とする郵便・貨物サービス（郵便ポストに差し出されたものに限る）

4 消費税の端数処理

　インボイスでは端数処理のルールが定められており、「1つのインボイスにつき、税率ごとに1回ずつ」となっています。そのため、インボイス単位で、税率ごとの合計額に対してそれぞれ端数処理を行わなければなりません。

▶仕入税額控除

　インボイス制度の下では、インボイスなどの請求書等の交付を受けることが困難な一定の場合を除き、一定の事項を記載した帳簿及びインボイスの保存が仕入税額控除の要件となります。

1 帳簿の記載事項

課税仕入れの場合の仕入税額控除の要件となる帳簿への記載事項

は、以下のとおりです。

①課税仕入れの相手方の氏名又は名称

②取引年月日

③取引内容（軽減対象課税資産の譲渡等に係るものである場合には、軽減税率の対象品目である旨）

④対価の額

2 保存する請求書等

仕入税額控除のためには、以下の請求書等の保存が必要です。

①インボイス又は簡易インボイス

②買手が作成する仕入明細書等（インボイスの記載事項が記載されており、課税仕入れの相手方（売手）の確認を受けたもの）

③卸売市場において委託を受けて卸売の業務として行われる生鮮食料品等の譲渡及び農業協同組合等が委託を受けて行う農林水産物の譲渡について、受託者から交付を受ける一定の書類

④①から③の書類に係る電磁的記録

3 帳簿のみ保存で仕入税額控除が認められる取引

請求書等の交付を受けることが困難であるなどの理由により、次の取引については、一定の事項を記載した帳簿の保存のみで仕入税額控除が認められます。

①適格請求書の交付義務が免除される3万円未満の公共交通機関による旅客の運送

②適格簡易請求書の記載事項（取引年月日を除く）が記載されている入場券等が使用の際に回収される取引

③古物営業を営む者の適格請求書発行事業者でない者からの古物の購入

④質屋を営む者の適格請求書発行事業者でない者からの質物の取得

⑤宅地建物取引業を営む者の適格請求書発行事業者でない者からの

建物の購入

⑥適格請求書発行事業者でない者からの再生資源及び再生部品の購入

⑦適格請求書の交付義務が免除される3万円未満の自動販売機及び自動サービス機からの商品の購入等

⑧適格請求書の交付義務が免除される郵便切手類のみを対価とする郵便・貨物サービス（郵便ポストに差し出されたものに限る）

⑨従業員等に支給する通常必要と認められる出張旅費等（出張旅費、宿泊費、日当及び通勤手当）

4 免税事業者等からの仕入れに係る経過措置

適格請求書等保存方式の下では、免税事業者等からの課税仕入れについては、仕入税額控除のために保存が必要な請求書等の交付を受けることができないことから、仕入税額控除を行うことができません。

ただし、適格請求書等保存方式開始から一定期間は、適格請求書発行事業者以外の者からの課税仕入れであっても、仕入税額相当額の一定割合を仕入税額とみなして控除できる経過措置が設けられています。

この場合、区分記載請求書等保存方式の記載事項に加え、例えば、「80％控除対象」など、経過措置の適用を受ける課税仕入れである旨の記載が必要です。

経過措置を適用できる期間と仕入税額控除可能な割合は、次のとおりです。

期間	仕入税額控除可能割合
2023年10月1日〜2026年9月30日	仕入税額相当額×80％
2026年10月1日〜2029年9月30日	仕入税額相当額×50％

▶ 税額計算の方法

　売上税額及び仕入税額の計算は、次の①又は②を選択することができます。

①インボイスに記載のある消費税額等を積み上げて計算する「積上げ計算」

②適用税率ごとの取引総額を割り戻して計算する「割戻し計算」

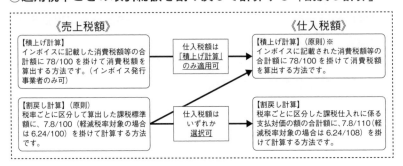

　※仕入税額の積上げ計算の方法として、帳簿積上げ計算も認められています。

　帳簿積上げ計算とは、課税仕入れの都度、課税仕入れに係る支払対価の額に110分の10（軽減税率の対象となる場合は108分の8）を乗じて算出した金額（1円未満の端数が生じたときは、端数を切捨て又は四捨五入します。）を仮払消費税額等などとし、帳簿に記載（計上）している場合は、その金額の合計額に100分の78を掛けて算出する方法です。

例 題 ①

　適格請求書等保存方式（インボイス制度）の1の適格請求書
に記載する税率ごとの消費税の端数処理として正しいものを選
びなさい。

［選択肢］
(1) 税率ごとに個々の商品に係る税抜金額を合計し、税率ごと
　に1回の端数処理を行い税率ごとに区分した消費税額等とし
　て記載する。
(2) 個々の商品ごとに消費税額等を計算し、その都度端数処理
　を行い、その合計額を税率ごとに区分した消費税額等として
　記載する。
(3) 消費税額等の端数処理は、継続適用していればどのような
　方法でも認められる。
(4) 消費税額等の端数処理は、毎期どのような方法でも認めら
　れる。

解 説 ……………………………………………………………

　適格請求書等保存方式（インボイス制度）では、1つのインボイ
スにつき、税率ごとに1回ずつ端数処理をするということが定めら
れています。インボイス制度における1つの適格請求書では、個々
の商品ごとに消費税額を計算し、その都度端数処理を行い、その合
計額を「税率ごとに区分した消費税額等」として記載することは認
められません。

解答　(1)

例 題 2

　　インボイス制度における税額計算方法について、最も正しい
ものを選びなさい。

［選択肢］
(1) 売上税額も仕入税額も「帳簿積上げ計算」が計算方法とし
　　て認められている。
(2) 売上税額を「積上げ計算」で計算した場合、仕入税額は
　　「積上げ計算」又は「割戻し計算」のいずれかを選択できる。
(3) 売上税額の計算方法の原則は「割戻し計算」である。
(4) 税額計算方法は、継続適用していればどのような方法でも
　　認められる。

解 説 ……………………………………………………………………

　「帳簿積上げ計算」は仕入税額の計算でしか認められておら
ず、売上税額を「積上げ計算」で算出した場合には、仕入税額は「積上
げ計算」のみ適用可能となっています。

解答　(3)

第4章

資金

第1節
現金出納

▶ 銀行振込入出金管理·······························

1 インターネットバンキング

　インターネットバンキングは、パソコン端末等からインターネットを経由して取引を行うサービスです。総合振込み、残高照会、取引明細照会等を行うことができます。顧客側は会社などにあるパソコンを通じて銀行と直接取引できるため利便性が高く、銀行側は運営経費を削減できるメリットがあります。

2 銀行振込入金の管理手順

　インターネットバンキングにより得た情報や銀行振込明細書により、自社の口座への入金を確認します。そして、仮受金勘定を使用して、入金計上処理を行います。その後、入金内容を自社請求内容と照合し、一致していることを確かめます。仮受金勘定を通さずに処理することも可能です。

3 銀行振込支払いと支払内容の妥当性の判断

　関係部署からの支払依頼があった場合には、その契約内容や請求書を確認し、支払内容や金額の妥当性を検証します。その精査を実施したあとに、インターネットバンキングや振込依頼書を銀行に持ち込んで、支払手続きを実行します。支払内容の妥当性の判断についてですが、内部牽制の観点から一定以上の金額については事前申請の制度をつくっておくべきです。金額が大きいものについては事前に申請し、承認者が決裁することにより牽制力を確保します。

例題 ①

次の選択肢のうち、費用の支払業務について、企業の内部牽制の観点から適切でないものを選びなさい。

［選択肢］
(1) 支払申請書について、使用する部門内のみでなく、経理・財務部門にも回付する。
(2) 事前の仮払いを行うための事前申請制度をつくる。
(3) 銀行振込処理にあたり、振込データ作成者と振込実行者を別の担当者に分ける。
(4) 仮払いによって発生した「仮払金」勘定について、決算時にまとめて精算処理を行う。

解説

「仮払金」「仮受金」等の仮勘定は、常に帳簿等でチェックし、対応する取引が実行された場合には、速やかに精算し、差額の処理を行う必要があります。

とくに「仮払い」は、まだ何も発生していない段階で、会社が個人（社員）に金銭を支払うわけですから、リスクをともないます。最悪の場合には、不正や横領につながります。そのため、常時の管理が必要となるのです。

仮払いによって支出した金銭について適切に管理することは、経理・財務部門の重要な役割になっています。

解答　(4)

▶現預金管理①·····························

1 小口現金の管理方法

小口現金の管理方法には、おもに次の2つの方法があります。

①インプレストシステム（定額資金前渡制）

事前に小口現金の金額を決めておき、使用した金額を担当者から定期的に報告してもらい、使用した金額を補充します。

②随時補充法

とくに、補充時期や金額を定めず、必要に応じて現金を補充します。

2 小口現金の取扱いのポイント

小口現金の残高を合わせることは、会社の財産管理の基本となります。小口現金の支払担当者が行わなければならない重要なポイントは、次の点になります。

①支払時には、必ず領収書等と引換えに支払う。

②渡す金額が合っているかを確認し、そのつど小口現金出納帳に取引を記入する。

③一日の業務の終わりには、手元現金残高と小口現金出納帳残高の一致を確認し、上長に報告する。

現金は紛失や間違いが起きたとしても履歴が残りづらいという特徴があるので、その場で気づかないと原因の究明は非常に困難になります。そのつど確実に処理することが重要です。

3 内部牽制を行う仕組み

現金を手元に置いておくことは盗難や紛失が起こる可能性があり、また、不正の対象となりやすいため、取扱いには注意する必要があります。

　また、牽制を図る手段として、決裁基準やルールの整備は不可欠です。経費支払いや仮払いについて事前申請手続きを設け、小口現金支払担当者の支払可能金額、支払可能な内容等をあらかじめ決めておきます。たとえば、仮払いについては、事前に申請手続きを必要とする一定金額以上については、上司の承認を必要とするなどの取決めが必要となるでしょう。

　その他、小口現金に関する内部牽制の方法として、次の点があります。

①現金はつねに金庫に入れて保管する。

②現金出納担当者と記帳担当者を別の担当者に分ける。

③定期的に第三者によるチェックを行う。

小口現金残高管理業務フロー

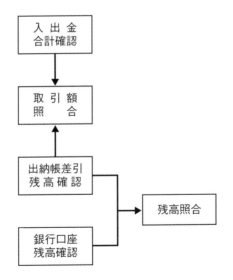

▶ 現預金管理②·····················

1 現金管理のポイント

　現金管理は、取引のたびに処理を行うことと、日々の業務の最後に現金を数え、貨幣の種類と枚数を記載した金種表を作成し、帳簿残高と照合することが重要な業務のポイントです。

　ここで、実際の残高と現金出納帳残高を何度確認しても不一致の場合には、「現金過不足」勘定を使用して、実際の現金残高に帳簿残高を一致させます。「現金過不足」勘定は原因が不明の場合に一時的に使用する勘定であり、原因がわかった場合には、そのつど適切な勘定科目に振り替えます。

　最終的に原因不明の場合には、雑収入もしくは雑損失として処理します。

2 現金管理の内部牽制

　現金は不正が起こりやすいので、十分な内部牽制の仕組みをつくることが重要です。不正の発見や防止を目的とする手段として、次の点があげられます。

　①出納担当者と記帳担当者を分け、分担して業務を行う。

　②担当者や責任者の権限を明確化する。

　③現金取引をできるだけ預金取引に移行する。

　④経費支払いは振込によって対応し、現金をなるべく社内に置かないようにする。

　⑤領収書などの証憑書類の管理を実施する。

　⑥社内の第三者による抜き打ち検査を定期的に行う。

3 預貯金の残高管理

預金の管理は、銀行預金の入出金の事実をもとに通帳ごとに預金台帳を作成して管理する必要があります。この場合、最終的な残高の一致の確認だけでなく、入金と出金の取引の内容の確認を行います。これによって、異常な取引の有無等を確認することができます。

また、実際に使用頻度の低い口座の廃止を検討したり、ペイオフへの対応の検討なども行います。使用していない通帳を放置している状況では、経理部門の管理が適切に行われているとはいえないため、口座の利用状況は常時管理し、不必要なものについては速やかに解約します。

預金残高照合業務フロー

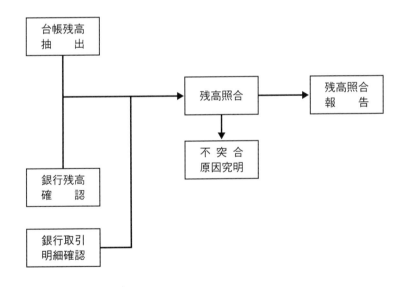

例題 ①

次の選択肢のうち、小口現金支払いのルールとして、現金管理の観点からもっとも望ましくないものを選びなさい。

［選択肢］
(1) 社員が使用した交通費等の小口経費の精算を預金口座への振込みとする。
(2) 小口経費の精算について、経費の発生のつど、その日に行う。
(3) 小口現金からの支払いを極力なくし、預金取引に集約する。
(4) 経費精算の現金支払いは、経理セクションの担当者が行い、現金にさわる人間を少人数に限定する。

解 説 ……………………………………………………

小口経費の精算を申請のつど行うと、それだけ現金にさわる回数が増えるので、ミスが発生する可能性も増えてしまいます。できれば1カ月に1回など、期間を区切って処理するほうが望ましい方法となります。

また、現金支払いが多いと何かと煩雑になり、ミスが増えるので、可能なかぎり、支払いについては預金取引への移行を図るのがよい方法といえます。

解答　(2)

例題 ②

次の取引の仕訳として、正しいものを選びなさい。

本日の現金出納帳の残高が520,000円であり、現金の実際の残高が515,000円である。精査を行ったが原因は不明であった。

［選択肢］

(1)

（借方）現金	5,000円	（貸方）雑収入	5,000円

(2)

（借方）現金過不足	5,000円	（貸方）現金	5,000円

(3)

（借方）現金	5,000円	（貸方）未収金	5,000円

(4)

（借方）前払金	5,000円	（貸方）現金	5,000円

解説

現金出納閉鎖後に、現金の手元在高と現金出納帳残高を照合した結果、差異が生じる場合があります。そのさい、原因がただちに解明できない場合には、一時的に現金手元在高に帳簿残高を合わせるために、「現金過不足」という勘定科目を用いて処理します。

その後、原因が判明した場合には、適切な科目に修正し、また、不明の場合には、決算時において雑収入もしくは雑損失として処理します。

（その後、原因が交通費の未精算であったことが判明した場合）

（借方）旅費交通費	5,000円	（貸方）現金過不足	5,000円

（決算時まで原因が不明であった場合）

（借方）雑損失	5,000円	（貸方）現金過不足	5,000円

解答　(2)

第2節
手形

▶ 受取手形・支払手形管理・・・・・・・・・・・・・・・・・・・・・・・

1 取引の注意点

　手形取引を行うと、代金を回収できないリスクが生じます。そのため、手形取引を行う場合には、次の点を考慮し実施するようにします。

　　①取引先の支払能力等の確認のため、与信調査を行う。

　　②与信状況に応じて、長すぎない支払サイトを設定する。

　　③与信状況を定期的に見直し、そのつど状況に応じた対応をとり、与信が形骸化しないようにする。

2 手形要件

　約束手形は、発行時、受取時ともに手形の要件の確認が非常に大切になります。手形要件のすべてが記載されていないと、原則的に手形として有効に成立しないこととなりますので注意が必要です。

　手形の要件には、次のものがあります。

　　①約束手形文句　　　　②受取人の名称　　　　③手形金額
　　④支払約束文句　　　　⑤振出日　　　　　　　⑥振出地
　　⑦振出人の記名・捺印　⑧支払期日　　　　　　⑨支払地

3 受取手形の管理

　手形の受取時には、要件の確認後、すぐに受取手形台帳に記入して現物を確認し、金庫に保管します。

　また、手形管理の重要な観点として、期日別管理があります。受

取手形は期日を過ぎると無効になるため、期日前に取立ての依頼を確実にする業務手順をつくっておくことが必要です。

4 支払手形の管理

銀行と当座勘定取引契約を結ぶと、約束手形帳、当座勘定入金帳などが入手でき、手形の振出しが可能になります。振出人は銀行から購入した統一手形用紙に手形要件を漏れなく記載し、手形を振り出します。

手形を振り出すさいは、次の点に注意します。

①支払期日管理を確実に行い、資金繰りに反映するようにする。

②印紙を貼ることと消印を忘れないようにする。

また、管理にあたっては、不正が行われないように十分な対応が必要です。具体的には、担当者以外の社内の第三者が実査を行う、手形帳と印鑑の管理を分けるなど、継続的に適切な管理体制が維持されるように業務フローを確立しなければなりません。

5 手形の裏書き

約束手形は支払日まで待てば振出人から支払いを受けることができますが、支払期日前に取引先等への支払いにあてるなど、譲渡することも可能です。譲渡人は裏書きすることにより、裏書人として遡求義務を負うこととなります。

譲渡する場合には、手形の裏面に会社の住所や社名等を記載します。このときは、必ず裏書きが連続していることを確認します。

また、受取手形は、支払期日前に金利に相当する割引料を差し引いて金融機関に買い取ってもらうことができます。これを手形の割引きといいます。

6 手形の不渡り

不渡りとは、手形や小切手の支払期日が過ぎても債務者から債権

者に支払いが行われず、決済できないことをいいます。

　不渡りが起こった場合には、銀行から不渡事由が記載された付箋がついて戻ってきます。この不渡事由の確認後、受取人はそれぞれの不渡事由に応じて法に基づいた迅速な行動をとること、また、収集した情報を自社の全組織に通知することにより、被害を最小限に抑えることが必要です。

　また、不渡りが6カ月以内に2回起きると銀行取引停止処分となるため、一般的に事実上の倒産と見られることとなります。

7 不渡事由

　手形の不渡りの理由は、次の3つに区分されています。

①第0号不渡事由——手形が適法な提示でないため不渡りになる

　呈示期間を過ぎてしまっているものや手形要件の記載もれなどの形式的な不備を、第0号事由による不渡りといいます。記載ミスのような形式上の不備の場合には、不備の箇所を支払呈示期間中に補ったうえで、再度、支払提示を行います。

②第1号不渡事由——資金不足等の理由により不渡りになる

　資金不足や当座口座が解約されている場合などによる不渡りを、第1号事由による不渡りといいます。この場合には、債務者の財産の仮差押えなどによる財産保全を行ったうえで、回収に向けて努力することとなります。なお、その手形に裏書人がいる場合には、裏書人に対しても支払いを求めます。

③第2号不渡事由——契約不履行、詐欺、偽造等の理由により不渡りになる

　契約不履行、詐欺、偽造などの理由による不渡りを、第2号事由による不渡りといいます。たとえば、だまし取られたので払わないといったケースが、これに該当します。この場合には、裁判で決着をつけることとなります。

8 手形の更改（ジャンプ）

　振り出した支払手形の決済が困難と思われるときは、手遅れにならないうちに手形の所有者と支払期日の延長交渉をする必要が出てきます。手形所有者との交渉で期限の延長を受け入れてもらったときは、支払期日の延びた手形を振り出し、旧手形を廃棄します。これを手形の更改（ジャンプ）といいます。

手形見本

手形回収業務フロー

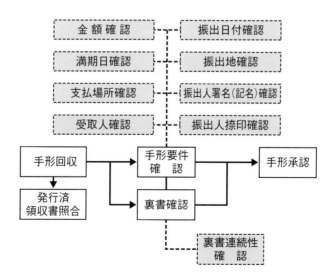

例題 ①

　当座口座の資金不足により手形が不渡りになった場合の不渡事由として、該当するものを選びなさい。

［選択肢］
(1) 第0号不渡事由
(2) 第1号不渡事由
(3) 第2号不渡事由
(4) 第3号不渡事由

解説 ‥‥‥‥‥‥‥‥‥‥‥‥‥‥‥‥‥‥‥‥‥‥‥‥‥‥‥‥‥‥‥‥

　資金不足による不渡事由は、第1号不渡事由に該当します。また、選択肢の第3号不渡事由という用語はありません。　　　　　**解答**　(2)

例題 ②

　次の選択肢のうち、（　　）の中に入る語句として適切なものを選びなさい。
　手形を支払期日前に手数料を支払って金融機関に買い取ってもらう行為を（　　　）という。

［選択肢］
(1) 手形の更改
(2) 手形の割引き
(3) 手形の不渡り
(4) 手形の裏書き

解説 ‥‥‥‥‥‥‥‥‥‥‥‥‥‥‥‥‥‥‥‥‥‥‥‥‥‥‥‥‥‥‥‥

　金融機関に手形を譲渡する行為は、手形の割引きといいます。

　　　　　　　　　　　　　　　　　　　　　　　　　　解答　(2)

▶ 小切手管理··

1 小切手の概要

　小切手は、小切手法に基づき、銀行等の支払場所において、持参人に対して記載されている金額が支払われる証券をいいます。そのため、小切手は代金決済のために現金に代わる性格をもっています。

　振り出される小切手には、おもに次の2つがあります。

①銀行等にその券面金額に相当する現金を払い込んで、銀行等が自らを支払人として振り出した小切手を使用する方法。この方法によって振り出された小切手を自己宛小切手といい、一般的には預手（預金小切手の略）と呼ばれています。

②銀行に当座預貯金口座を開設し、小切手帳の交付を受けて自ら振り出して用いる方法。

2 小切手受取時のポイント

　小切手を受け取った場合の実務上重要なポイントとして、次の点があります。

①小切手要件の確認

　小切手を受け取ったときは、すぐに小切手要件（小切手文句、小切手金額、支払委託文句、支払人、支払地、振出日、振出地、振出人の署名）を確認します。小切手要件を満たしていない小切手は無効であり、これに対する支払いはされませんので注意が必要です。

②すぐに取立て

　小切手は振出日の翌日より10日間が支払呈示期間のため、速やかに銀行に取立てに出す習慣が必要です。

③金庫に保管

　盗難、紛失、不正等がないように、保管は金庫で行うようにします。

④管理台帳による管理

　管理台帳における速やかな管理を行います。経理担当者は、日付、小切手番号、相手先、金額等の情報を管理台帳に記載します。これは不渡りなどの何らかの事態が起きたときにすぐに対応するためです。

小切手見本

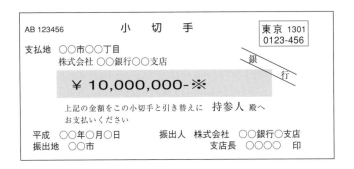

小切手入手時の業務フロー

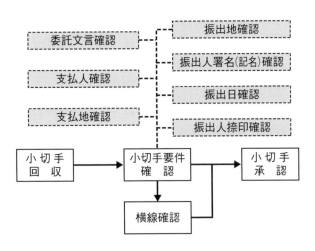

例題 ①

　次の選択肢のうち、小切手要件として不適切なものを選びなさい。

［選択肢］
(1) 受取銀行の指定
(2) 振出地
(3) 振出人の署名
(4) 小切手金額

解説 ・・

　受取銀行の指定は「線引き」の方法により可能ですが、小切手要件には該当しません。　　　　　　　　　　　　　　　　　　　　解答　(1)

例題 ②

　次の選択肢のうち、小切手の取扱いとして適切でないものを選びなさい。

(1) 金融機関から小切手帳の交付を受けた場合には、すぐに線引きを行う。
(2) 小切手を現金化する手続きは、ミスを防ぐために月に1回等まとめて行い、そのつど行わない。
(3) 小切手を受け取った場合には、すぐに小切手要件の確認を行う。
(4) 小切手の管理台帳には、受け取るたびに適切に記録する。

解説 ・・

　小切手は振出日の翌日より10日間が支払呈示期間のため、速やかに取立てに出す必要があります。　　　　　　　　　　　　解答　(2)

▶小切手振出し……………………………………………

1 小切手振出しの手順

　小切手を振り出す場合には、証憑書類などにより精査を実施した後に振り出します。そして、銀行残高明細により、決済の事実を確認します。

　その後、小切手振出時の領収書を相手方より入手し、小切手帳の管理を行います。

2 小切手振出しの管理のポイント

　振出小切手の管理のポイントは、次の点になります。小切手は現金と同じですから、その取扱いは慎重に行う必要があります。

①振出小切手のうち未決済分の残高管理を確実に行う。

②小切手には線引きを行う。

③盗難、紛失を避けるために金庫に保管する。

④内部牽制の点から、小切手の作成者と押印者を別の担当者とする。

⑤小切手印と小切手帳の管理場所を分ける。

小切手振出しの業務フロー

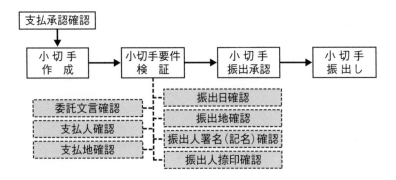

例題 1

　小切手に関して注意すべき点として、適切でないものを選びなさい。

[選択肢]
(1) 小切手の振出し時には、小切手要件を確認することが重要である。
(2) 小切手の作成者と押印者は、すぐに発行できるよう1人の担当者とする。
(3) 盗難や紛失に備えて、小切手帳と印鑑は別の金庫で管理する。
(4) 小切手帳を購入した場合には、使用前にすべて線引きを行う。

解 説

　小切手を振り出すときの重要なポイントの1つとして、内部牽制があげられます。小切手振出しに関する作業は、必ず複数の人間で行い、不正が行われないようにします。また、振出時には、適切に申請、決裁されている支払申請書等の原始書類に基づいて行います。

解答　(2)

ワンポイント

線引小切手（横線小切手）

　線引小切手とは、小切手の表側の右肩または左肩などに2本の平行線を引いた小切手のことで、線引きを行うことにより、支払いをする対象を銀行または支払人（銀行）の取引先に特定することができます。
　これは、素性の不明な者による呈示を抑止し、また、小切手金の支払先を捕捉できるようにする効果があります。

第**3**節
有価証券

▶ 有価証券運用

1 資金計画の確認と運用方針

　企業では中長期の運用目的で有価証券を購入することがあります。この場合には、中長期資金計画のもとで、資金運用方針に従って実施します。

　資金運用の基本方針は、中長期の資金計画をもとに運用可能な期間や金額を設定します。ここでは手元資金として確保する金額や運用先、具体的な運用商品を決定することとなります。投資の実行のさいには市況状況を考慮し、銘柄、金額、運用期間を決めていきますが、同時にリスクの分散、投資先の安全性、インサイダー取引に該当しないかどうか確認します。

2 投資商品の概要と特徴

　投資の対象となる有価証券には、大きく分類して次の3つがあります。

①**債券**

　債券は、発行されるときに決定された利回りが満期まで支払われる商品です。債券は、有価証券であるため、他人への譲渡が可能であり、また、期限まで保有すれば、記載されている券面金額を受け取ることができます。満期まで保有することで安定した利回りを得ることができますが、リスクとして、発行元の債務不履行の可能性があげられます。

②株式

　株式は、配当や値上がり益が期待できますが、その一方で、大きく値下がりする可能性があります。他の有価証券と比べて値動きが激しく、相対的にリスクが高い商品であるといえます。

③投資信託

　投資信託は、機関投資家のような運用のプロの手で、投資家から資金を集めて運用されるもので、小口の投資から運用が可能です。

　投資信託には、大別すると公社債を対象とした公社債投資信託と、株式が対象に含まれる株式投資信託の2つに分けられます。公社債投資信託は、公社債を対象として運用されるため、比較的安全性が高い商品となっています。

　1つの商品で収益性、安全性、流動性のすべてを満たすことは難しいため、このなかから複数を組み合わせることによってリスクの分散を図り、実際の資金運用を行うこととなります。この投資先に対する判断指標の1つとして専門会社による格付けがあり、参考とされることがあります。

格付け

　格付けとは、専門会社が企業の財務状況を分析し、債務の返済能力を簡単な記号（AAAなど）で示したものです。格付けを行う会社としては、ムーディーズやS＆Pが有名です。

　格付けは債務の返済能力を示すもので、投資するさいの安全性の指標になるものです。したがって、格付けランクの高い会社が必ずしも成長性の高い企業であるとはかぎりません。

③ インサイダー取引

有価証券の運用にあたっては、インサイダー取引に十分な注意が必要です。インサイダー取引に違反した場合は、5年以下の懲役もしくは500万円以下の罰金、またはこれらの両方が科せられることとなっています。また、行為者が法人の立場としてインサイダー取引を行った場合には、法人に対しても5億円以下の罰金が科されます。

インサイダー取引とは、大口株主や会社関係者などが特別な立場を利用して会社の内部情報を知り、この情報の公表前に株式の売買取引を行うことです。これは一般投資家との不公平が生じるため、金融商品取引法で禁止されています。

インサイダー取引を防ぐためのポイントは、次の通りです。

①投資の意思決定に、株式投資をする関係者が含まれていないかどうか

ここでいう関係者とは、その会社の役員、従業員、その企業の帳簿閲覧者、その企業との契約締結者および締結交渉中の者、退職後1年以内の元会社関係者が対象です。さらに、場合によっては、取引銀行、取引先、弁護士なども関係者とみなされる場合があります。

②公表されていない情報をもとに、投資の意思決定をしていないかどうか

インサイダー取引に該当する情報とは、業績の変化に関する情報、災害等の被害の情報、株式の異動の情報、M&Aや業務提携に関する情報などが代表的なものとしてあげられます。また、投資対象の株式会社の内部関係者が関与する意思決定でない場合でも、情報の提供を受けた場合には処罰の対象となります。

ここでいう公表されたとは、次のいずれかの内容を指します。

・重要事実が2つ以上の報道機関に公開され、12時間が経過した場合
・上場先の証券取引所に重要事実を通知し、当該証券取引所等のHPに記載された場合

・重要事実の記載された有価証券報告書等の公衆縦覧が行われた
　場合

中期運用策確定業務フロー

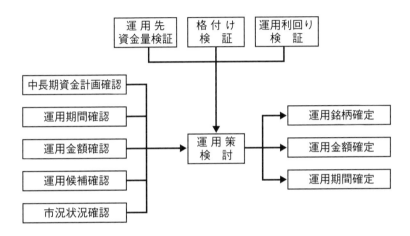

運用候補選定業務フロー

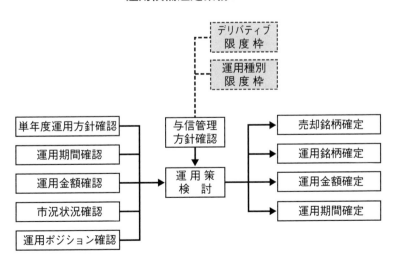

例 題 ①

次の選択肢のうち、債券に該当しないものを選びなさい。

［選択肢］
(1) 国債
(2) 社債
(3) 金融債
(4) 新株予約権

解 説 ……………………………………………………………

　新株予約権は、あらかじめ決められた価格で株式を購入できる権利であり、資金調達を目的として発行される債券には該当しません。

解答　(4)

例 題 ②

　次の選択肢のうち、インサイダー取引において適用除外とされている行為に該当しないものを選びなさい。

［選択肢］
(1) ストックオプションの行使にともなう取得
(2) 各従業員の1回当たり拠出額が100万円未満の従業員持株会の定時定額の買付けによる取得
(3) 社員の配偶者による株式の取得
(4) るいとう（株式累積投資制度）による株式の取得

解 説 ……………………………………………………………

　ストックオプションの行使による取得、役員持株会、従業員持株会による買付け（各役員・従業員の1回あたり拠出額が100万円未満）、るいとう（株式累積投資制度）による買付けは、インサイダ

一取引において適用除外されています。

解答　（3）

▶投資 ··

1 投資判断を行う仕組み

　一般的な事業会社では、投資行為は事業を進めていくうえでの重要な事項です。そのため、投資の判断を迅速に行える社内体制をつくっておく必要があります。

　具体的には、①投資計画策定、②投資先の選定と評価、③決定と実行、④管理がありますが、それぞれについて担当者を置き、会社独自の投資基準を設定することで素早い実行が可能です。

　通常、担当部署が意思決定の中心となると思われますが、経理部門は、数字に責任をもつ立場として客観的な評価と分析を行い、シミュレーションを行うなどの支援が望ましいといえるでしょう。

2 ポートフォリオ

　投資を行う場合には、目的を明確に定めなければなりません。具体的にはどの程度の収益を期待し、どの程度のリスクを許容できるかという点です。

　とくに有価証券に投資するさいには、個別銘柄に対して集中投資は行われません。個別の金融資産に投資するリスクを回避し、安定した収益を獲得する必要があるため、一般的には、収益とリスクの分散を図ることを目的として分散投資を行います。この分散投資による資産構成をポートフォリオといいます。

投資の参考となる指標

①ROE（自己（株主）資本利益率）

企業の収益性を測る指標の1つです。株主資本が、企業の利益にどれだけつながったのかを示します。

ROE（％）＝当期純利益÷自己資本×100

②ROA（総資産利益率）

企業の収益性を測る指標の1つです。保有する資産をどれだけ有効活用しているかを示します。

ROA（％）＝当期純利益÷総資産×100

③EPS（1株当たり純利益）

企業の収益性を測る指標の1つで、1株当たりの利益額を示します。

EPS＝当期純利益÷発行済株式数

④自己資本比率

安全性分析指標の1つで、総資本に占める自己資本の割合を示します。この比率が高いほど自己資本が充実し、安定性が高いことを示します。

自己資本比率（％）＝自己資本÷総資本×100

⑤PER（株価収益率）

株価を1株当たり当期純利益で割った株価収益率になります。PERが高いほど利益に比べて株価が割高であり、PERが低いほど株価が割安であるといえます。

PER（倍）＝株価÷1株当たり純利益（EPS）

⑥PBR（株価純資産倍率）

PBRとは、株価純資産倍率のことで、株価を1株当たりの純資産で割った数値になります。株価が1株当たりの純資産額の何倍で買われているのかを表します。

PBR（倍）＝株価÷1株当たりの純資産

例 題 ①

　次の選択肢のうち、企業の安全性を評価する指標としてもっとも適切なものを選びなさい。

［選択肢］
(1) 自己資本比率
(2) ROE
(3) EPS
(4) PER

解 説 ・・

　自己資本比率は、総資本に占める自己資本の割合を示し、企業の安全性を評価する指標として用いられます。

解答　(1)

例 題 ②

　次の選択肢のうち、企業の資産運用の効率性を図るものとしてもっとも適当なものを選びなさい。

［選択肢］
(1) 自己資本比率
(2) ROA
(3) PER
(4) EPS

解 説 ・・

　ROA（総資産利益率）は、保有する資産をどれだけ有効に活用しているかを見る指標で、収益力の評価に用いられます。

解答　(2)

▶ 残高管理 ···

1 有価証券の区分

有価証券はその目的や属性によって会計上次の区分が定められ、それぞれ会計処理の方法や財務諸表への表示が決められています。

①売買目的有価証券

短期間の価格変動によって利益を得ることを目的として保有する有価証券のことをいい、いわゆるトレーディング目的の有価証券を指します。

②満期保有目的の債券

満期まで保有することを目的として保有する社債その他の債券をいいます。

③子会社株式および関連会社株式

子会社株式や関連会社の株式をいいます。

④その他有価証券

上記①〜③以外の有価証券が該当します。たとえば、長期的な時価の変動で利益を得ようとする目的のものや、業務提携の目的で所有されるものがあげられます。

2 有価証券の取得

有価証券を取得する場合には、担当者が稟議書を作成します。そこには取得目的が短期の運用目的であるのか、中長期に及ぶものなのかなどを記載し、投資対象の有価証券の利回りや格付け等の資料を添付します。

この稟議が認められたあとに、有価証券の取得が行われます。

3　有価証券の売却

　有価証券を売却する場合も、取得する場合と同様に担当者が稟議書を作成します。そこには売却予定額や売却損益、資金使途等が記載されているので、株式市場の状況を確認し、記載された条件で売却が可能であるか確認する必要があります。

4　会計処理

　有価証券を取得した場合の会計処理は、購入金額に手数料等の付随費用を加算した金額をもって取得価額とします。取得の原因が贈与、交換による場合には、時価をもって取得価額を認識します。

　有価証券を売却した場合には、1単位当たりの取得価額の算出が必要になり、算出にあたっては、総平均法もしくは移動平均法により計算します。

■総平均法■

　総平均法は同一の銘柄ごとに、期首の取得価額の合計額と期中に取得した取得価額の合計額を総数量で除して平均単価を計算する方法です。

　この方法は、期末にならないと平均単価を計算できないという欠点があります。

$$平均単価＝\frac{期首の帳簿価額の合計額＋期中取得価額の合計額}{期首数量＋期中取得数量}$$

■移動平均法■

　移動平均法は、同一銘柄を取得するごとに、その取得価額と取得直前の帳簿価額を合計し、取得数量と直前残高数量の合計で除して新しい平均単価を計算する方法です。

---

5 有価証券の残高管理

　有価証券は、有価証券台帳を作成し残高管理を行います。有価証券台帳は銘柄ごとに管理し、所有数・取得価額・売却価額・評価替えなどに変動があったつど記載します。

　有価証券の現物は、外部に管理を委託している場合と、自社内で管理をしている場合があります。

　外部に管理を委託しているものについては、委託先からの預り証明書と有価証券台帳を照合し、漏れなく記載されていることを確認します。

　自社内で保管しているものについては、あらかじめ保管場所を社内で定めるとともに定期的に実査を行います。有価証券の現物と有価証券台帳とを照合し、差異が生じた場合には原因を追究し残高を一致させます。

例　題　❶

　次の選択肢のうち、有価証券の1単位当たりの帳簿価額を計算する場合に選択できるものをすべて選びなさい。

［選択肢］
(1)　先入先出法
(2)　最終仕入原価法
(3)　移動平均法
(4)　総平均法

解　説 ··

　有価証券の1単位当たりの帳簿価額の計算方法は、総平均法および移動平均法に限られ、他の方法を選択することはできません。

解答　(3)(4)

例 題 ②

　次の選択肢のうち、長期的な保有後の売却による利益を獲得
する目的で取得する有価証券について、会計上の区分で適当な
ものを選びなさい。

［選択肢］
(1)　売買目的有価証券
(2)　満期保有目的の債券
(3)　子会社株式および関連会社株式
(4)　その他有価証券

解 説 ‥‥‥‥‥‥‥‥‥‥‥‥‥‥‥‥‥‥‥‥‥‥‥‥‥‥‥‥‥‥‥‥

　長期的な保有後の売却による利益を獲得する目的で取得する有価
証券は、売買目的有価証券、満期保有目的の債券、子会社株式およ
び関連会社株式に区分されるものではないため、その他有価証券に
該当します。

解答　(4)

▶評価・・

■1 会計上の評価

　有価証券の会計上の評価は、次の区分に応じて定められています。

①売買目的有価証券

　売買目的の有価証券は、事業年度終了の日における時価によって評価します。帳簿価格と時価との差額は、当期の損益として処理します。

②満期保有目的の債券

　満期保有目的の債券は、原則として取得原価をもって期末の評価額とします。ただし、債券を額面金額よりも低い価額もしくは高い価額で取得した場合に、その差額の金額が金利の調整と認められるときは、償却原価法に基づく原価基準により評価します。

　たとえば、額面1,000円の債券（5年償還）を950円で購入した場合には、その差額の50円を償還期間の5年にわたって、年間10円ずつ当初の帳簿価格の950円に加算していくこととなります。

発行価額と額面金額が同じ場合

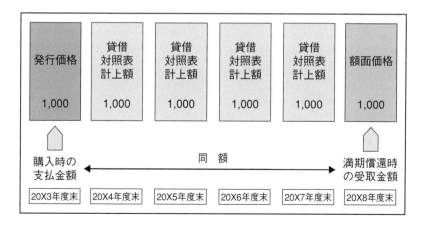

261

発行価額と額面金額が異なる場合

③子会社株式および関連会社株式

　子会社株式および関連会社株式は、事業投資と同様に考え、取得価額により評価（原価基準）を行います。したがって、子会社が上場しており、決算時の価額が変動したとしても、財務活動の成果とは認識せずに取得価額により評価します。

④その他有価証券

　その他有価証券の評価は、時価基準により評価します。ただし、損益計算書上は影響せず、貸借対照表の純資産の部に評価差額が認識されます。

2　税務上の評価

　税務では有価証券を売買目的有価証券と満期保有目的等有価証券に分け、これ以外のものをその他有価証券と定めています。

　会計と税務はその他有価証券の評価が大きく異なるので、注意が必要です。

①売買目的有価証券

　税務上、売買目的有価証券の評価は、会計と同様に時価法により評価します。

②満期保有目的等有価証券

　会計と同じように、償却原価法に基づく原価法の評価を行います。

③その他有価証券

　原価法による評価を行います。

　その他有価証券の評価について、会計上の評価は「時価評価」とされているので注意が必要です。

3　減損処理

　回復する可能性が認められない時価の著しい下落があった場合、時価をもって貸借対照表価額とし、その差額を当期の損失として取り扱う会計処理方法を減損処理といいます。

　これは会計上、税務上それぞれ取扱いが多少異なり、その判断基準が決められています。

　また、売買目的有価証券は時価評価を行うため、必ず毎決算期に評価替えが行われます。したがって、毎期損益に反映されているため、この対象とはなりません。

例題 ①

次の選択肢のうち、税務上、決算時において時価をもって評価するものをすべて選びなさい。

［選択肢］
(1) 売買目的有価証券
(2) 満期保有目的等有価証券
(3) その他有価証券
(4) 子会社株式および関連会社株式

解説 ···

税務上、決算時に時価評価される有価証券は、売買目的有価証券のみとなります。

解答　(1)

例題 ②

　次の選択肢のうち、（　　）のなかに入る語句として適当な
ものを選びなさい。

　A社の発行済株式総数の80％を当社が所有している。A社株
式は、会計上の有価証券区分では（　　　　）に分類される。

［選択肢］
(1)　売買目的有価証券
(2)　満期保有目的の債券
(3)　子会社株式および関連会社株式
(4)　その他有価証券

解説 ・・・

　議決権保有比率が50％超である企業は、会社法により子会社とし
て取り扱われます。

解答　(3)

第4節
債務保証

▶ グループ会社向け債務保証‥‥‥‥‥‥‥‥‥‥‥

1 債務保証とは

　債務保証とは、特定の企業が負担または将来負担する債務について、第三者（保証人）が支払いを保証することをいいます。また、債務保証に準じたものに保証類似行為というものがあります。保証類似行為には、経営指導念書の差入れや保証予約（形式および名義にかかわらず）等があります。

　なお、債務保証や保証類似行為のように、決算日時点では発生していないが、将来発生する可能性が存在しており、状況しだいでは債務の発生が想定される潜在的な債務の総称を偶発債務といい、このほかにも係争事件に係る賠償義務や先物売買契約等も偶発債務に含まれます。

2 債務保証の流れ

　グループ会社向け債務保証に関しての流れは、おもに以下の通りです。

①保証枠の申請

　グループ会社から申請の上がってきた債務保証枠の内容の確認と検証を行います。おもな確認・検証項目として、申請保証枠額、保証条件、保証の種類、債務保証料の有無、連結決算への影響度等があります。グループ会社であっても、別法人のため、保証料を徴収する方が望ましいです。

②保証枠の更新申請

　申請された債務保証枠の更新内容を確認・検証します。おもな確認・検証項目として、既存の保証条件、保証内容、連結決算への影響度等があります。

③債務保証契約の締結

　債務保証契約の内容を検証し、債務保証契約を締結します。検証項目として、おもに申請内容、保証枠、保証期間、保証料率、その他の条件があります。

保証枠の申請内容確認業務フロー

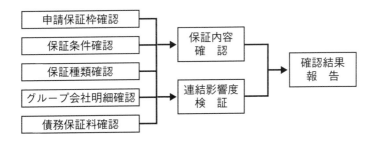

3　偶発債務を把握する仕組みづくり

　債務保証等の偶発債務については、多くの事実関係を把握することが重要になり、そのための仕組みづくりが大事になってきます。仕組みづくりのポイントとしては、おもに以下の点があげられます。

・社内規程等で偶発債務の定義や例示等を明確化する。

・取締役会の決議事項に、偶発債務に関する事項を取り入れる。

・偶発債務に係る事項は、経理部門に必ず情報が入る仕組みをつくる。

・経理部門が中心となり、少なくとも決算期ごとに偶発債務にかかわる情報を入手するようにする。

例題 ①

　偶発債務に含まれないものはどれか。

［選択肢］

(1)　係争事件に係る賠償義務

(2)　借入金利の上昇

(3)　経営指導念書の差入れ

(4)　債務保証

解説 ・・・

　借入金利の上昇は企業にとって厳しいものではありますが、偶発債務にはとくに含まれません。

解答　(2)

例 題 ②

　グループ会社向け債務保証に関する手続きで、もっとも適切でないものはどれか。

［選択肢］

(1) 保証を行うにあたり、連結決算に与える影響度を考慮する必要がある。

(2) グループ向けのため、とくに保証料を取る必要はない。

(3) 債務保証を行ううえで契約書を結ぶ必要がある。

(4) 申請された内容が債務保証枠内か確認する必要がある。

解 説 ••

　グループ会社向けの債務保証であっても、あくまで別法人のため保証料を取る必要はあります。

　ただし、実務上適正な保証料の算出が難しいため、徴収していないケースも少なくありません。

解答　(2)

● 連帯保証・債務保証‥‥‥‥‥‥‥‥‥‥‥‥‥‥‥‥‥‥

1 連帯保証とは

　連帯保証とは、保証人が主たる債務者と連帯して債務を保証することをいいます。連帯保証は保証の一種ですが、主たる債務者と同様の弁済の義務を負うため、より重い責任を負うといえます。

2 連帯保証の流れ

　連帯保証の流れの一例として、以下のものがあります。

①債務保証の申請の確認と決定

　申請された債務保証の内容を確認し、あらかじめ定められた社内ルール等に基づいて可否判定を行います。

②債務保証契約の締結

　グループ会社向け債務保証と同様、債務保証契約の内容を検証し、債務保証契約を締結します。

　検証項目として、おもに申請内容、保証枠、保証期間、保証料率、その他の条件があります。また、内容によっては、会計処理や注記の有無を確認する必要があります。

③債務保証残高の管理

　債務保証の使用状況等の残高管理を行うため、債務保証台帳を作成します。

　また、債務保証契約で債務保証料の設定がされている場合も、あわせて台帳上で管理します。

④債務保証料の管理

　債務保証契約および債務保証台帳に基づいて債務保証料を算定し、請求します。請求した債務保証料が入金になったら、会計処理を行うとともに、債務保証台帳にも記載します。

連帯保証の可否検証業務フロー

```
使途内容確認 ─┐          ┌─ 流動比率検証
財務データ確認 ─┤          ├─ 自己資本比率検証
取引履行状況確認 ─┤          ├─ カントリーリスク検証
取引残高確認 ─┼→ 保証可否判定 →  可否検証結果報告
保証割合確認 ─┤          └─ 保証条件定義 ─┬─ 担 保 設 定
保証料（率）確認 ─┘                      └─ 保証割合変更
```

3　連帯保証と保証の違い

　連帯保証と単なる保証のおもな違いは、連帯保証には催告の抗弁権、検索の抗弁権、分別の利益がないことです。したがって、債権者が債務者の支払能力の有無にかかわらず、いきなり請求してきた場合にもそれを拒むことはできませんし、強制執行を拒むことはできません。

①催告の抗弁権

　主たる債務者に弁済の請求をすることを主張する権利

②検索の抗弁権

　主たる債務者から先に強制執行をすることを主張する権利

③分別の利益

　保証人が複数いる場合、各保証人は保証人の頭割り分だけの責任を負うこと

271

4 債務保証の会計上の処理

　債務保証の会計上の処理に関しては、損失発生の可能性によって変わってきます。

①損失発生の可能性が低い場合

　貸借対照表への債務保証の金額の注記を行います。

②損失発生の可能性が中程度の場合

　貸借対照表への債務保証の金額および追加情報として、以下の内容の注記を行います。

- ・損失発生の可能性がある程度予想される旨
- ・主たる債務者の財政状況

③損失発生の可能性が高い場合

　金額の合理的な見積りが可能な場合には、債務保証損失引当金を計上します。不可能な場合には、債務保証の金額に加え、以下の内容を注記することになります。

- ・損失の発生の可能性が高いが、損失金額の見積りが不可能である旨。その理由
- ・主たる債務者の財政状態

例題 ①

債務保証の会計上の処理の説明に関して、もっとも適切でないものはどれか。

［選択肢］

(1) 損失発生の可能性が低い場合は、とくに注記は行わない。

(2) 損失発生の可能性が中程度の場合は、貸借対照表への注記を行う必要がある。

(3) 損失発生の可能性が高い場合で、合理的な見積りが可能な場合には、債務保証損失引当金の計上を行う。

(4) 損失発生の可能性が高い場合で、合理的な見積りが不可能な場合には、注記として損失の発生の可能性が高いが、損失金額の見積りが不可能である旨等を記載する必要がある。

解 説 ・・・

債務保証の会計上の処理に関して、損失発生の可能性が低い場合は、貸借対照表への債務保証の金額の注記を行う必要があります。

解答　(1)

第**5**節
貸付金

▶融資・グループ会社向け融資·····················

1 融資実行までの流れ

　企業活動を行ううえで、取引先との関係や取引を継続するために融資を行うことがあります。そのさいは自社の資金状況や融資予定先の状況を勘案して融資を実行することになりますが、流れの一例としては以下のようになります。

①融資申請内容の検証

　融資の申請が上がってきた場合には、融資予定先からの資料等をもとに、安全性、収益性等を検証します。また、必要に応じて融資先の企業調査を行うこともあります。

②融資契約の締結

　融資を行うことが決定したら、融資契約を結びます。その場合、融資内容が正しく設定されているか確認します。

③融資の実行

　融資決定および契約締結後に融資を実行します。その場合も、きちんと実行されたかどうかを確認します。

2 企業調査の実施

　行った融資がきちんと回収できなかった場合、予定していた利益が得られないだけでなく、貸付金額およびそれに付随するコストが損失となり、会社の収支が悪化し、金額によっては経営危機に陥るおそれもあります。

　そのような事態を防ぐために、必要に応じて融資先の企業調査を

行うことがあります。

　企業調査のポイントとしては、おもに以下の点があげられます。
　　・企業の財政状態や経営成績
　　・事業内容の変遷
　　・企業の将来性

3 契約書作成上の留意点

　融資の実施にさいして、契約書を作成します。契約書の作成は、金銭消費貸借契約に基づいて作成します。

　契約書に記載する事項としては、おもに返済方法、利率、利息の支払方法、貸付期間、その他特約事項等になります。

4 グループ会社への融資に関して

　基本的な融資の判断は外部への融資と同様ですが、グループ会社への融資の場合には、グループ会社間の相乗効果をもたらす必要があります。そのために、融資枠内の場合は内部の検証・承認プロセスをある程度簡素化し、効率性を高め、機動性を確保する必要があります。

　グループ全体としての資金効率を高めることを考慮しながら行うことが大切になります。

融資可否判定業務フロー

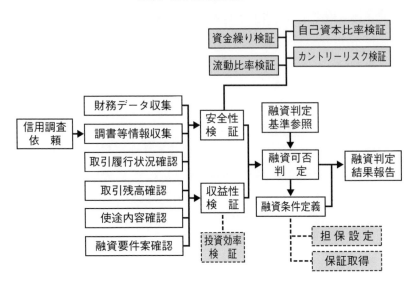

融資枠設定業務フロー

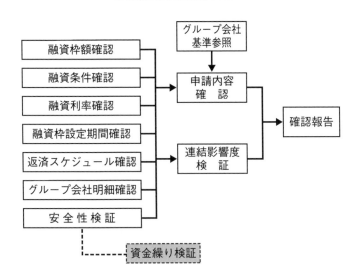

例 題 ①

融資を行うにあたり、もっとも不適切なものはどれか。

［選択肢］

(1) 融資を行うさいの企業調査のポイントの1つに、企業の将来性というものがある。ここでいう将来性とは、その企業がいわゆる成長産業に属しているかどうかを確認することである。

(2) 融資の実行までの流れを要約すると、おもに融資申請内容の検証、融資の決定、融資の実行ということになる。

(3) 融資を行うさいに契約書を作成することになるが、記載する事項としては、返済方法、利率、利息の支払方法、貸付期間、その他特約事項等があげられる。

(4) グループ会社へ融資を行う場合には、融資枠内の場合には、内部の検証・承認プロセスをある程度簡素化するなどして効率性を高め、機動性を確保することが望ましい。

解 説 ....

　融資前の企業調査のポイントはおもに3つあり、そのうちの1つが企業の将来性になります。この場合、その企業がいわゆる成長産業に属しているかどうかだけではなく、その企業自体に競争力があるかどうかが重要になってきます。

解答　(1)

▶融資残高管理・融資条件見直し………………

1 融資残高管理と融資条件見直しの流れ

　行われた融資に対し、返済がきちんと行われているかどうか、また、融資先の状況に変化はないかなど、融資後の管理が大切になります。融資残高管理の流れの一例としては、以下のようになります。

①融資元本および利息の回収

　返済条件を確認し、融資元本および利息の回収を行います。また、そのさい、場合によっては請求書の発行を行うこともあります。なお、利息に関しては、決算をまたぐ未回収分がある場合には、未収利息を計上する必要があります。

②融資残高の管理

　元本および利息の回収状況等を融資台帳と呼ばれる管理台帳に記録し、残高管理を行います。あわせて、管理台帳の更新後、帳簿残高と一致することを確認します。

③融資条件の見直しの検討

　融資先の返済状況や業況を勘案し、必要な場合には融資条件の見直しを検討します。これはグループ内融資の場合でも同様になります。

2 融資台帳の作成

　融資後、元金および利息の返済がきちんと行われているかを確認することが大切になりますが、具体的には融資台帳を作成し、残高の管理を行います。融資条件が変更になった場合にも、台帳に反映させるようにします。

　なお、貸付金も売掛金や未収金等と同様に、相手先ごとの残高管理も必要になります。

融資台帳サンプル

融資先名　　○×商事（株）

融資日	R6. 6. 1	融資額	3,000,000円
融資利率	3.00％（年）	返済条件	60回・元金均等返済

返済日	返済額	元本	利息	返済後残高	備考
R6. 6. 30	57,397円	50,000円	7,397円	2,950,000円	
R6. 7. 31	57,516円	50,000円	7,516円	2,900,000円	
R6. 8. 31	57,389円	50,000円	7,389円	2,850,000円	

　融資台帳を作成する目的としては、以下の点があげられます。
　・融資内容の把握
　・返済予定の把握
　・返済状況と貸付残高の把握

　また、元本や利息の回収に遅延や延滞が生じた場合には、以下のような対応をする必要があります。
　・返済が滞っている場合には、事実の確認を行う。
　・取引先の財務データや取引の履行状況を確認する。
　・対応策の検討を行う（具体的には融資の引揚げ、貸倒引当金の設定等）。

3 融資条件の見直し

　融資先の業況や返済状況によっては、融資条件を変更する場合があります。融資先の財務データ、返済状況、取引残高等を確認し、融資の安全性を分析したうえで融資条件の変更を行います。これはグループ内融資の場合も同じになります。

融資返済の遅延、延滞時の業務フロー

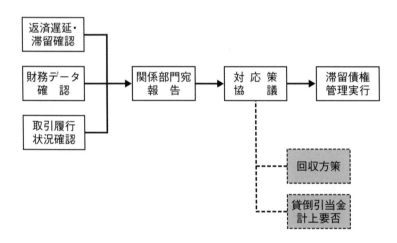

　融資に関しても、売掛金等と同様に、回収の遅延や延滞の発生が起きたときには迅速な対応が必要になります。

例　題　①

融資残高管理の説明に関して、適切でないものはどれか。

［選択肢］
(1) 融資残高管理の流れは、おもに以下の項目になる。
　・融資元本および利息の回収
　・融資残高の管理
　・融資条件の見直し
(2) 融資台帳の作成の目的は、おもに以下の点にある。
　・融資内容の把握
　・返済状況や貸付残高の把握
　・返済予定の把握
(3) 元本や利息の返済が遅れがちな場合には、対応策を検討する必要がある。一例としては、貸倒引当金の設定を行い、将来の損失に備えるということがあげられる。
(4) 融資元本がきちんと返済されている場合には、特に決算時に未収利息を計上しなくてもよい。

解　説

　元本の返済と利息の返済は別物であるため、たとえ元金の返済はきちんと行われていても、決算をまたぐ未回収の利息がある場合には未収利息を計上する必要があります。

解答　(4)

第6節
借入金

▶借入実施

1　借入金の種類

　借入金とは、資金提供者に対して、借りた金銭に利子をプラスして返済する資金調達方法のことをいいます。会計上では、借入金の種類は借入期間によって区分されます。

①短期借入金

　返済期限が1年以内のものを短期借入金といいます。

　おもに運転資金、納税資金、賞与資金に用いられます。

②長期借入金

　返済期限が1年を超えるものを長期借入金といいます。

　おもに設備資金や長期の投資資金等に用いられます。

　なお、決算時には、残高のうち1年以内の返済分を「一年以内返済予定長期借入金」という科目に振り替えます。

2　借入れの形態

　借入れの形態は、おもに4つに分けることができます。

①手形借入れ

　借入れを行う側が銀行宛の約束手形を発行し、銀行から借入れを行う方法のこと。

　おもに短期借入金に用いられます。

②証書借入れ

　金銭消費貸借契約書を作成して借入れを行う方法のこと。

　おもに長期借入金に用いられます。

③当座借越し

　あらかじめ約定した一定の限度額および期間の範囲内であれば、いつでも当座預金残高を超えて振り出された小切手の支払いを認める借入方法のこと。

④手形割引き

　期日前の手形を金融機関等に買い取ってもらい、支払期日までの金利相当分を差し引いた金額を受け取る方法のこと。

※上記のうち①、②、③は借入れ側から見た場合の呼び方であり、貸付け側から見た場合には、それぞれ①手形貸付け、②証書貸付け、③当座貸越しとなります。

3　借入れの手続き

　借入れの手続きは、おもに以下のような手順を踏んで行います。

①借入れの検討

　調達必要額、資金使途や手持資金等を考慮し、借入れの検討を行います。借入候補先と借入条件（借入金額、借入利率、借入形態、返済方法、返済期限等）を交渉し、借入先を決定します。

②借入れの申込みおよび借入契約締結

　借入先の決定後、申込みを行います。

　金融機関の審査を経て融資を受けることになった場合には、借入契約を締結します。

③借入れの実行

　融資の実行を受け、会社の口座へ融資資金が入金されます。

④借入れの返済

　借入れの契約に基づいて、元金および利息を返済します。なお、利息の支払いは融資契約により、毎月支払う場合と、ある一定期間分をまとめて支払う場合があります。

借入検討時の業務フロー

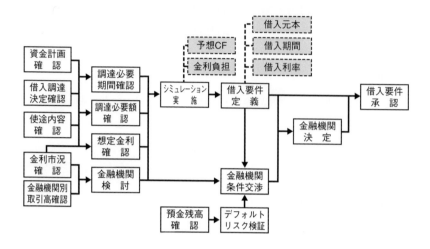

例題①

　会計上における短期借入金の借入期間に関して、正しいものはどれか。

［選択肢］
(1) 1年
(2) 3年
(3) 5年
(4) 10年

解説

　会計上、借入期間が1年以内のものを短期借入金、それを超えるものを長期借入金といいます。また、長期借入金のうち、返済期限が1年以内の部分に関しては、決算時に「一年以内返済予定長期借入金」に振り替える必要があります。

解答 (1)

例題 ②

　借入金の形態に関しての説明で、もっとも適切でないものはどれか。

［選択肢］
(1) 短期借入金の場合には、おもに手形借入れが用いられる。
(2) 長期借入金の場合には、おもに証書借入れが用いられる。
(3) 当座借越しに用いられる口座は、おもに通知預金口座である。
(4) 手形割引きの場合には、手形の額面から金利相当分を差し引いた金額を受け取ることになる。

解説

　当座借越しに用いられる口座は、当座預金口座になります。一定の金額および期間内ならば、当座預金額を超えた小切手の振出しが行われます。

解答　(3)

▶借入残高管理 ••

1 借入残高管理とは

　企業は資金用途や融資条件等のさまざまな理由から、複数の金融機関から複数の借入れを行うことがあります。その場合、金融機関別の管理や期日別の返済予定の把握等、借入金や支払利息の一元的管理が重要になります。これを借入残高管理といい、適切な資金繰りを行ううえで欠かすことができません。

2 借入金台帳の作成

　借入金の元金や支払利息の管理を行うための方法の1つに、借入金台帳の作成があります。借入金台帳は、借入契約書や金融機関から送付される返済予定表や利息計算書等をもとに、借入先ごとに作成します。

　そして、元金や利息の支払いのつど台帳の更新を行い、帳簿残高と一致するように合わせます。

　借入金台帳を作成する場合のポイントは、以下の点です。

①作成目的

　借入先ごとの残高および返済期日別の元利金の返済額の把握

②主な管理項目

　借入先、借入日、借入期間、借入金額、借入利率、返済日、返済金額、借入残高等

③作成と運営上の留意点

　返済や借入条件の変更のつどの更新と、定期的な元帳との照合

借入金台帳作成の業務フロー

3 その他の留意点

管理上のその他の留意点として、以下の点があります。

①担保が設定されている場合には、返済終了後、担保の抹消を依頼する必要があります。

②決算時には、金融機関から残高証明書を入手し、融資先の残高と帳簿残高との照合を行う必要があります。また、前払利息、未払利息を確認し、計上する必要もあります。

4 借入利息の決定要素

借入利息の基準金利としては、以下のものがあげられます。

①プライムレート

銀行がもっとも優良な企業向けに融資するさいの最優遇貸出金利をいいます。

②長期プライムレート（長プラ）

期間が1年以上の長期資金の金利のこと。

③短期プライムレート（短プラ）

期間が1年未満の短期資金の金利のこと。

　このほかにも、借入利率は、企業の規模、取引の内容、企業の業績、市場金利、借入期間、借入形態、借入先の状況等のさまざまな要因によって決定されることになります。

ワンポイント

変動金利と固定金利

　金利の種類には、変動金利と固定金利があります。それぞれの特徴は、以下の通りです。

・変動金利──市場の金利動向によって利率が変動する金利のこと。不況時は利率が低下しますが、逆に好況時には利率が上がる傾向があります。

・固定金利──借入期間中は、市場の金利動向に関係なく利率が一定のもの。とくに借入期間が長いほど、金利変動リスクを避けられるメリットが大きくなります。

例題 ①

　借入金台帳の説明に関して、もっとも適切でないものはどれか。

［選択肢］
(1) 借入金台帳の作成目的の1つに、返済期日別の元利金の返済額の把握がある。
(2) 借入利率が変動金利の場合は、借入期間中に利率の見直しが行われることがある。
(3) 借入金台帳を作成するうえで必要な資料として、金融機関からの返済予定表や利息計算書がある。
(4) 借入金台帳をきちんと作成している場合には、とくに帳簿残高との照合を行わなくてもよい。

解 説 ・・

　借入利率や返済額の変更等、当初の条件が変更されている場合に、借入金台帳にきちんと反映していない可能性があります。したがって、借入金台帳と帳簿残高との照合を行い、適切な状態になっているかを確認する必要があります。

解答　(4)

第**7**節
社債

▶社債発行

1 社債とは

　社債とは、事業会社が広く一般から長期資金を調達するために発行する債券のことをいいます。事業会社の発行する債券であることから、事業債ともいいます。社債のおもな特徴として、期日償還を約束している点と確定的な利払いを行うという点があります。

2 社債の種類

　社債は構成する要素によって、以下のように分けることができます。

①**新株予約権の有無**

　・新株予約権付社債——株式を一定の条件で取得するための権利である新株予約権を付与された社債

　・普通社債——上記以外の社債

②**発行対象**

　・公募債——市場を通して広く一般投資家を対象とする社債

　・私募債——特定の少数の投資家を対象とする社債

　　銀行引受私募債——銀行などの金融機関（適格機関投資家）のみを対象とした社債

　　少人数私募債——縁故者や会社に関連する者で、50名未満を対象とした社債

③担保の有無

　・担保付社債——発行するさい、担保が設定される社債

　　一般担保付社債——特別法に基づいて発行され、社債の発行会社の全財産によって優先的に弁済される権利が付されている社債

　　物上担保付社債——担保付社債信託法に基づき、債券発行会社が保有する土地、工場、機械設備等の物的財産に担保がつけられている社債

　・無担保社債——発行するさい、担保が設定されない社債

　なお、現在では、発行される大部分の社債は無担保社債となっています。

3 社債発行の流れ

　社債発行の流れの一例として、以下の手順があります。

①発行要件等の定義

　発行にあたり、債券総額、債券の種類、利率、利息の支払方法、償還期限、担保設定の有無等の発行要件を検討します。

②取締役会の承認

　社債の発行に関しては、取締役会の決議事項になります。

③管理会社との契約

　選定した社債管理会社と、契約を締結します。管理会社のおもな業務は、債券の発行事務の代行と社債券の管理になります（ただし、少人数私募債の場合は、管理会社がなくてもよいです）。

④社債の発行

　社債の発行にともなって、口座に入金となります。

4 社債発行費

社債を発行するさいに発生する費用を社債発行費といいます。

①おもな費用

社債券の印刷費用や募集のための広告費用です。また、社債管理会社が入る場合には、財務代理手数料という発行事務や期中事務の代行に関する費用もかかります。

②会計処理

原則として、支出時に費用処理（営業外費用）します。ただし、社債の期間や金額費用を勘案して、繰延処理（繰延資産計上）することも可能です。

社債発行費算定業務フロー

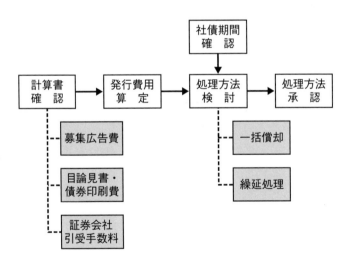

例題 ①

社債の種類に関しての説明で、適切でないものはどれか。

［選択肢］

(1) 新株予約権が付与されていない社債のことを普通債という。

(2) 市場を通じて多くの投資家を対象にした社債のことを公募債という。

(3) 特定少数を対象とした社債のうち、縁故者や会社に関連する者で、50名以下を対象としたものを少人数私募債という。

(4) 担保付社債のうち、特別法に基づいて発行され、社債の発行会社の全財産によって優先的に弁済される権利が付されている社債を一般担保付社債という。

解説 ....

　少人数私募債とは、縁故者や会社に関連する者で、50名未満を対象とした社債のことをいいます。50名（以上）が対象の場合は、たとえ相手が縁故者や会社に関連する者であっても、公募債の扱いになります。

　なお、銀行等の審査が不要の点も、少人数私募債の大きな特徴になります。

解答 （3）

▶社債残高管理··

1 社債台帳による管理

　社債発行後は、社債元本や社債利息を管理するために社債台帳を作成して管理するようにします。

　台帳作成に必要な手順の一例として、以下のようなことがあげられます。

①社債要項の確認

　社債要項を収集し、社債発行要件を確認します。

②社債利息の確認

　社債利息の金額と支払日を確認します。

③社債償還の確認

　社債の償還金額と償還日を確認します。

　また、償還方法が満期一括か定期償還かも、あわせて確認しておきます。

社債台帳管理業務フロー

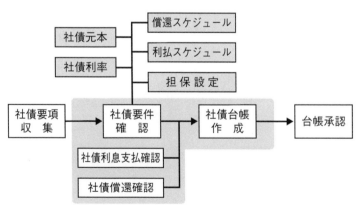

④社債台帳の作成

　以上を考慮して、社債台帳を作成します。

　社債は発行金額も利息金額も大きくなるので、適切に期日管理を行い、資金繰りに支障が生じないようにするとともに、元本や利息の償還が行われるたびに台帳の更新を行うようにして、適時、正確な残高に合わせるようにします。

2　社債利息の管理

　社債利息の管理に必要な手順の一例として、以下のようなことがあげられます。

①利息の算定

　社債要項および社債台帳に基づいて、支払うべき社債利息額を算定します。固定利率で満期一括償還型の社債の場合には支払利息額は一定ですが、変動利率や定期償還型の社債の場合は留意が必要です。

　なお、社債管理会社と契約している場合には、社債管理会社からの計算書と社債台帳に記載されている利払いスケジュールを照合し、支払利息額の算定に漏れがないことを確認します。

②支払いの依頼

　支払依頼書を作成し、支払いの依頼を行います。

③支払いの実施

　承認後、社債利息を支払います。

④社債台帳の更新

　社債利息の支払い後、台帳の更新を行います。

3 社債元本の償還

　社債の元本償還に関する手順の一例としては、以下のようなことがあげられます。

①償還額の確認

　社債要項および社債台帳に基づいて、償還スケジュールおよび償還金額を確認します。

②支払いの依頼

　社債利息と同様、元本償還の場合も支払依頼書を作成して支払いを依頼します。

　支払依頼書には必ず担当部門の担当者印、責任者印を押印し、責任の所在を明確にしておきます。

③支払いの実施

　承認後、社債元本の支払いを実行します。

④社債台帳の更新

　社債元本の支払い後、台帳の更新を行います。

　なお、少なくとも決算時には、社債台帳と帳簿残高を必ず照合し、残高を一致させるようにします。

4 社債発行費の管理

　社債発行費を繰延資産処理している場合は、社債の経過に応じて償却を行います。

　社債発行費は社債の償還期限までの期間にわたり、利息法かまたは継続適用を条件として定額法（月割償却）により償却することになります。

　社債発行費も、決算時にはきちんと償却を行っているか確認する必要があります。

例題①

　社債残高の管理に関しての説明で、もっとも適切でないものはどれか。

［選択肢］
(1) 社債台帳を作成するにあたり、社債要項で要件を確認することは必要である。
(2) 社債利息の算定は管理会社が行うので、企業側では行う必要はとくにない。
(3) 社債元本を償還したら、社債台帳も更新する必要がある。
(4) 社債発行費の償却にあたり、必ずしも利息法で行う必要はない。

解説 ……………………………………………………………………

　公募債や銀行引受私募債の場合は、社債管理会社が入りますが、少人数私募債の場合は社債管理会社が入らないため、社債の発行会社自らが算定する必要があります。

　また、管理会社が入っている場合でも、資金繰りという観点からは、社債利息の支払額、支払時期を把握しておく必要があります。

解答 (2)

第8節
デリバティブ取引

▶ デリバティブ取引の仕組み………………………

1 デリバティブの定義

　デリバティブとは、一般的に「金融派生商品」と呼ばれています
が、従来からある株式、債券、通貨等の資産から派生したものであ
るということを意味しています。

　主として、将来発生する可能性のある損失リスクを回避するため
に利用されます。

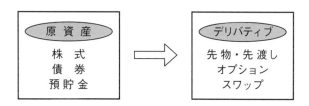

2 デリバティブ取引の種類

　デリバティブ取引は、大きく次の3つに分類されます。

①先物・先渡取引

　将来取引する債券や株式等の取引価格を現時点で予約する取引を
いいます。

②オプション取引

　将来一定時点で債券や株式等を買う権利（コール・オプション）も
しくは売る権利（プット・オプション）を売買する取引をいいます。

　権利行使が満期日の最終日しかできないタイプをヨーロピアン・
タイプといい、満期日までの間はいつでも権利行使ができるタイプ

をアメリカン・タイプといいます。

③スワップ取引

　資金の支払いや受取りを交換する取引をいいます。固定金利と変動金利とを交換する金利スワップなどがあります。

　デリバティブ取引の内容は、原資産、デリバティブの区分により、以下のように分類されます。

おもなデリバティブ取引の種類と分類

原資産 ＼ デリバティブ	先物	先渡し	オプション	スワップ
金　利	金利先物 債券先物	金利先渡契約	キャップ、 フロア、カラー	金利スワップ
為　替	通貨先物	通貨先渡契約	通貨 オプション	通貨スワップ
株　式	株価指数先物	―	株価指数 オプション	―

ワンポイント
デリバティブ取引用語解説

キャップ——金利の上限を設定する取引。キャップの水準を超えた場合は、キャップの買手は売手から超えた分の金利を受け取ることができます。

フロア——金利の下限を設定する取引。

カラー——金利の上限と下限を同時に設定する取引。

金利スワップ——固定金利と変動金利等、同一通貨で異なる金利の支払いや受取りを交換する取引。

通貨スワップ——円とドルなど異なる通貨の元利金の支払いや受取りを交換する取引。

3 デリバティブの利用目的

　企業が以下の3つのいずれかの目的を果たすために、デリバティブを活用します。

①ヘッジ目的

　将来発生する可能性のある損失を減少させること。

②投機（スペキュレーション）目的

　将来の利益の獲得を目的として、リスクの高い取引を行うこと。

③裁定（アービトラージ）目的

　市場におけるわずかなずれを利用してさやを抜くこと。

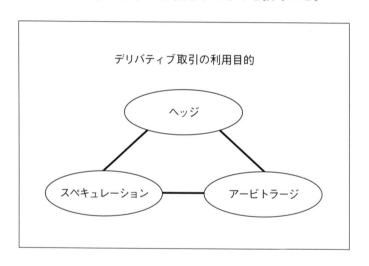

デリバティブ取引の利用目的

例題 ①

　オプションの行使ができる時期について、（　　）内に入る語句の組み合わせとして適切なものはどれか。

　オプションには、行使期間が満期日の最終日しかない（A)・タイプと、満期日までの間にいつでも権利行使ができる（B)・タイプの2つのタイプがある。

［選択肢］
(1)　A　アジア　　　　　　B　アメリカン
(2)　A　アメリカン　　　　B　ヨーロピアン
(3)　A　ヨーロピアン　　　B　アメリカン
(4)　A　アメリカン　　　　B　ユーラシア

解説

　オプション取引では、オプション価格が有利になった場合に、行使することによってメリットが享受できます。そのため、権利行使がいつ可能かが、オプションの価値に影響します。
　権利行使が満期日の最終日しかできないタイプをヨーロピアン・タイプといい、満期日までの間はいつでも権利行使ができるタイプをアメリカン・タイプといいます。

解答　(3)

例題 ②

　オプション対象の商品の売買に関して、（　　）内に入る語句の組み合わせとして適切なものはどれか選びなさい。

　オプションの対象商品を買うオプションを（A)・オプション、対象商品を売るオプションを（B)・オプションといいます。

［選択肢］
(1) A　コール　　　B　コール
(2) A　コール　　　B　プット
(3) A　プット　　　B　コール
(4) A　プット　　　B　プット

解 説

　オプションの種類を考える場合、対象商品を買うのか売るのかの区分（買う場合はコール・オプション、売る場合はプット・オプション）と、そのオプションを買うのか売るのかの区分があります。したがって、取引のパターンとしては4パターンあります。

	オプションの買い	オプションの売り
対象商品を買うオプション	コール・オプションの買い	コール・オプションの売り
対象商品を売るオプション	プット・オプションの買い	プット・オプションの売り

解答　（2）

例題❸

　社債を変動金利で調達している会社が変動金利受取り、固定金利支払いの金利スワップを取り組んだ場合の取扱いとして、適切なものはどれか選びなさい。

［選択肢］
(1)　金利上昇に備えることができる。
(2)　金利下降に備えることができる。
(3)　金利上昇・下降のどちらにも備えることができる。
(4)　金利上昇・下降のどちらにも備えることができない。

解説

　変動金利の支払いと変動金利の受取りとがあるために変動分が相殺され、固定金利の支払いが残ることになります。結果として、実質的に変動金利を固定金利に変えていくことが可能となります。よって、金利が上昇している場合には、固定金利を支払えばよいことになるので、金利上昇局面においては金利コストを抑えることができます。ただし、反対に、金利が下降局面にあっては金利コストが余計にかかることになります。

解答　(1)

ワンポイント

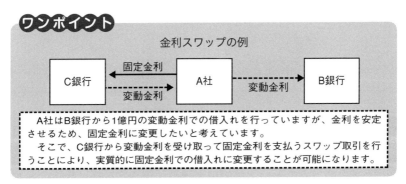

金利スワップの例

C銀行 ←固定金利── A社 ──変動金利→ B銀行
　　　──変動金利→

A社はB銀行から1億円の変動金利での借入れを行っていますが、金利を安定させるため、固定金利に変更したいと考えています。
　そこで、C銀行から変動金利を受け取って固定金利を支払うスワップ取引を行うことにより、実質的に固定金利での借入れに変更することが可能になります。

▶会計・税務処理とリスク管理方針

1 会計処理の原則──時価評価

　デリバティブ取引を行っている場合には、期末時に保有している
デリバティブを時価評価して、評価益または評価損を会計上計上し
ます。この処理は、株式を公開していない中小企業にも求められま
す。

　時価評価をするにあたっての時価は、上場しているデリバティブ
であれば、市場価格に基づく価額が時価となります。非上場のデリ
バティブの場合は合理的に算定される価額が時価となり、通常は金
融機関等が算出した価額を使って評価損益を計上します。

2 容認される会計処理──ヘッジ会計

　ヘッジ目的でデリバティブ取引を行う場合に、リスク管理の方針
が適切に文書化されたうえでの取引の結果、デリバティブによって
ヘッジがされていることが検証された場合は、時価評価を行わずに、
評価損益を繰り延べることができます。このように、評価損益を繰
り延べる処理をヘッジ会計といいます。

```
会計処理    原則  時価評価
                  評価損益が計上される
                  非上場企業も同様

            特例  ヘッジ会計
                  評価損益は繰り延べられる
                  リスク管理方針があることが前提
```

3 税務上の取扱い

　税務上の処理も、会計上の処理と同様に時価評価をすることが求
められます。しかし、ヘッジ会計を適用する場合には、税務上は帳

簿書類にヘッジ取引であることや、ヘッジの対象となる資産等をデリバティブ取引が行われた日に記載することが必要です。

税務処理
◎原則として会計と同様
◎ただし、税務上は帳簿への記載が要件

---

4 リスク管理方針の策定

　ヘッジ会計を適用するには、リスク管理方針を明確化することが必要となります。リスク管理方針には、リスクの内容、ヘッジ手段として何を用いるか、ヘッジ手段の有効性の検証方法等を記載する必要があります。

①リスクの内容

　リスク管理の対象となる内容としては、為替変動リスク、金利変動リスク、株式の変動リスク等があります。

②ヘッジ手段

　ヘッジ手段として何を使うかということを文書化します。たとえば、借入金の利息に関して、金利スワップといった商品で対応するということです。

③ヘッジの有効性の検証方法

　リスクに対してヘッジ手段が有効的に機能しているかどうかを測定する方法を定めて、当初定めた有効性を定期的に検証する必要があります。

5 ヘッジ有効性の評価

　ヘッジ取引のヘッジ有効性を評価するさいは、事前テストと事後テストの2つのテストを行う必要があります。

①事前テスト

　ヘッジ取引の開始時にリスク管理方針に従っているかどうかを確

認します。確認の方法としては、文書化されたものの内容の確認、内部牽制組織が適切に運営されているかどうか（実際に、デリバティブ取引を行っている部門の取引内容を独立した他の部門がチェックしているかどうか）の確認があります。

②事後テスト

　ヘッジ取引開始後に、定期的に有効性の確認を行う必要があります。有効性の確認を行う頻度としては、決算日は必ず行い、加えて少なくとも6カ月ごとに必要です。ヘッジの有効性割合が80%から125%であれば有効であると判断されます。有効性割合の算式は、以下のようになります。

有効性割合

$$125\% \geqq \frac{\text{デリバティブ取引の取引時から期末時までの時価の変動による利益または損失額}}{\text{ヘッジ対象のデリバティブ取引の取引時から期末時までの時価の変動による利益または損失額}} \geqq 80\%$$

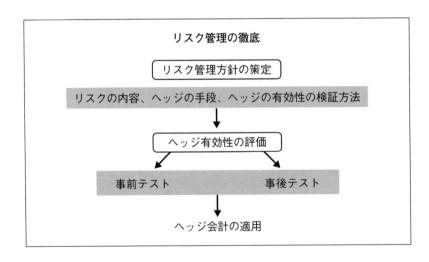

リスク管理の徹底

リスク管理方針の策定

リスクの内容、ヘッジの手段、ヘッジの有効性の検証方法

↓

ヘッジ有効性の評価

事前テスト　　　　　　　　　事後テスト

↓

ヘッジ会計の適用

例 題 ①

デリバティブの会計処理の説明として、もっとも適切なものはどれか。

［選択肢］
(1) 原則としてヘッジ会計を適用するが、例外として時価評価も認められる。
(2) ヘッジ会計あるいは時価評価は、任意で選択できる。
(3) 時価評価が強制適用される。
(4) 原則として時価評価を適用するが、例外としてヘッジ会計も認められる。

解 説 ……………………………………………………………

デリバティブの会計処理は原則として時価評価を適用しますが、ヘッジ会計の要件を満たしていればヘッジ会計を適用できます。税務上も会計上の取扱いと同様の処理が認められていますが、税務上は必要事項を帳簿へ記載することが別途必要です。

解答　(4)

例題 ②

　デリバティブで期末時点のデリバティブの時価が簿価を下回った場合の会計処理として、もっとも適切なものはどれか選びなさい。

［選択肢］
(1) ヘッジ会計を適用すれば、評価益が計上される。
(2) 時価評価を適用すれば、評価益が計上される。
(3) ヘッジ会計を適用すれば、評価損が計上される。
(4) 時価評価を適用すれば、評価損が計上される。

解説

　時価評価を適用した場合、期末時点でのデリバティブの評価額が帳簿価額を上回る場合は、損益計算書上で評価益が計上され、反対に帳簿価額を下回る場合は、損益計算書上で評価損が計上されます。
　また、ヘッジ会計が適用される場合は、評価損益が繰り延べられるので、損益計算書上は評価損益は計上されません。

解答　(4)

ワンポイント

　実際の仕訳のイメージは、下記の通りとなります。
　債券のコール・オプションを100万円で購入しましたが、決算期末でそのオプションの評価額は130万円でした。この場合の購入時と決算時の仕訳は、下記の通りとなります。
（購入時）（借方）オプション資産　100万円　（貸方）現金　100万円
（決算時）（借方）オプション資産　30万円　　（貸方）オプション評価益　30万円
　　　　　　　　　　　　　↑
　　　時価評価額との差額30万円を評価益として計上します。

例題 3

デリバティブのリスク管理に関して、（　　）内に入る語句の組み合わせとして適切なものはどれか選びなさい。

ヘッジ会計の適用を検討する場合、リスク管理方針の文書化等の（A）テストおよび（B）テストとしての有効性評価を行う必要がある。

［選択肢］
(1) A　事前　　　　B　事後
(2) A　リスク　　　B　算出
(3) A　事後　　　　B　事前
(4) A　牽制　　　　B　判定

解説 ···

　ヘッジ会計を適用するには、事前テストおよび事後テストの両方を満たす必要があります。

　事前テストとしては、リスク管理方針の文書化、リスク管理方針への準拠の状況確認、ヘッジ対象に対していかなるヘッジ手段を適用するかについての文書化、有効性の評価方法の文書化等があります。

解答　(1)

第**9**節
外貨建取引

▶外貨建取引の概要とリスク管理方針⋯⋯⋯⋯⋯

1 外貨建取引とは

　外貨建取引とは、日本円（邦貨）以外の通貨（外貨）で表示される取引をいいます。

　たとえば、海外に商品を輸出してアメリカドルで販売した取引は、外国通貨での取引になりますので、外貨建取引となります。

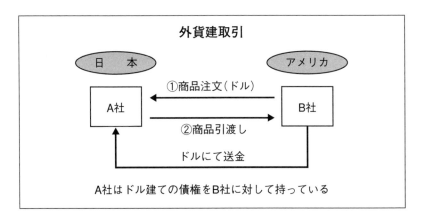

外貨建取引

日　本　　　　　　　　　　　アメリカ

A社　←　①商品注文（ドル）　B社
　　　→
　　　②商品引渡し
　　　ドルにて送金

A社はドル建ての債権をB社に対して持っている

2 為替レートの種類

　経理上、為替換算をする場合に為替レートに外貨額を乗じますが、その場合の為替レートはTTM（対顧客直物電信売買相場の仲値）を適用します。

　ただし、継続適用を条件として、収入および債権についてはTTB（対顧客直物電信買相場）を、費用および債務については

TTS（対顧客直物電信売相場）を適用することができます。

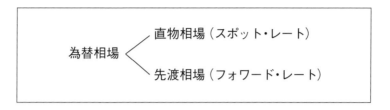

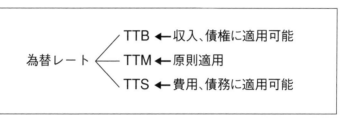

ワンポイント

外貨建取引の用語解説

直物相場——外国為替の取引が成立後、2営業日以内に受渡しがなされるもの

先渡相場——予め契約された将来の日時に受渡しがなされるもの

スポット・レート——直物相場での為替レート

フォワード・レート——先物相場での為替レート

３ 為替予約

　外貨建てで商品を輸出している企業の場合、債権は外貨となるので、将来円高になると入金する日本円の価値が目減りします。そのようなときに、為替予約の契約を締結することで為替リスクを回避することができます。

　為替予約とは、将来の一定時点における外国為替の売買を予約する契約です。たとえば、３カ月後に10,000ドルを120円／ドルで売ることを銀行と契約した場合、それを売り予約といい、逆の場合は、買い予約といいます。上記の外貨建てで商品輸出をしている企業の場合は、売り予約をすることによって、為替リスクの回避が図れます。

■為替予約でリスクヘッジを！■

　１ドル100円の現在、10,000ドルで輸出取引を行ったとします。

　会社の担当者の予想では、円高が進行し、入金予定時には80円／ドルになると考えたとします。

→こんなときに為替予約をすると、リスク回避が図れます。

　１ドル95円で売り予約をしたら、80円／ドルで入金するときと比べて15円／ドル×10,000ドルお得！　ただし、円安になったら、その分の為替差益は受け取れません。

---

４ リスクマネジメント方針の策定

　外国為替を実施している企業は為替予約等を通じて為替リスクをヘッジしますが、そのための基準として為替取引のリスクマネジメント方針を策定する必要があります。

　リスクマネジメント方針は、過去の為替データ、過去を踏まえた市場の見通し、会社の外貨建債権・債務の残高の状況等を考慮して策定します。また、そのさいに会社の経営方針を反映させて文書化

することが必要となります。

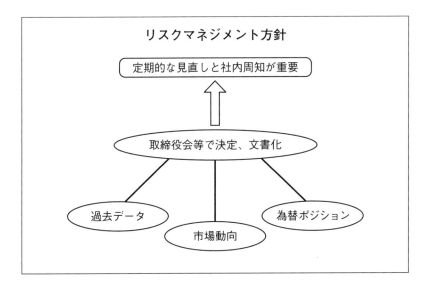

5 為替ポジション

　企業の為替リスクを把握する必要がありますが、その状況を管理することを為替ポジション管理といいます。

　外貨建債権の残高と外貨建債務の残高の情報収集をして、差引残高での債権・債務残高の評価をします。これらの残高の把握にあたっては、管理台帳を作成します。差引残高の評価に対して、リスクマネジメント方針や将来の為替市場の見通しを加味して対応策を策定します。

　具体的な対応としては、為替予約の実施、通貨オプション、通貨スワップ等の活用が考えられます。

6 管理体制の強化

　為替を管理するにあたって、企業の組織自体を内部牽制が働くように設計する必要があります。組織の形態としてフロント・オフィ

スと呼ばれる実際の取引に直接従事する部署と、バック・オフィスと呼ばれる事務処理を中心として牽制を行う部署とをつくるのが一般的でした。ただし、取引の複雑化等に対応するために、昨今ではミドル・オフィスと呼ばれるフロント・オフィスとバック・オフィスの中間的な組織をつくるケースも出てきています。実際には、牽制機能を強化して行ったり、損益・リスク管理を行います。

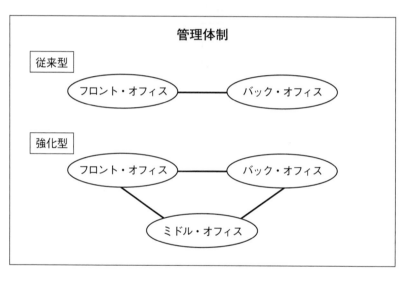

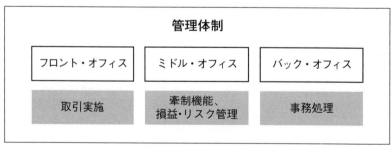

例題 ①

　為替の動きが企業の収益にどう影響するかについて、（　　）内に入る語句の組み合わせとして適切なものを選びなさい。

　円高は輸入関連企業の収益に（A）、輸出関連企業の収益に（B）に働きます。

［選択肢］
(1) A　プラス　　　　B　マイナス
(2) A　マイナス　　　B　プラス
(3) A　マイナス　　　B　マイナス
(4) A　プラス　　　　B　プラス

解説

　円高になると、同じドルベースで輸入した場合に、ドルを円換算して支払う金額は減少するために輸入業者にとって収益はプラスに寄与します。円高の場合に、輸出企業では、円換算して回収できる金額が減少するために収益は悪化します。

解答　(1)

ワンポイント

外国為替の用語解説

外国為替相場——外国為替市場で売買される外国為替のこと。

インター・バンク相場——外国為替市場に参加している銀行同士で外国為替を売買するときのレートのこと。銀行間為替相場ともいいます。

対顧客為替相場——インター・バンク相場に対して、銀行が個人や企業と取引するさいに適用されるレートのこと。

為替エクスポージャー——企業が持っている為替変動リスクにさらされている外貨建債権や債務の大きさを表す概念のこと。

▶外貨建取引の会計処理······························

1　外貨換算レートに何を使うか

　外貨建取引が行われた場合に、どのようなレートで換算するかが問題となりますが、以下の区分で換算替えを行います。

①外貨建取引の換算

　外貨建取引が発生したときは、原則として、取引が発生した時点での為替レート（取得時レート）によって換算します。

②外貨建資産・負債の換算

　外貨建取引によって発生した収益・費用項目については、決算時の換算替えは必要ありませんが、外貨建資産・負債については決算時に換算する必要がある場合があります。

　現金預金、金銭債権・債務、有価証券のうち子会社株式等を除いたものやデリバティブ取引といったものは、原則として決算時レートでの換算が必要となります。

2　時価評価

　為替予約はデリバティブ取引に該当しますので、デリバティブ取引の会計処理と同様に処理します。したがって、為替予約を行っている場合は、原則として決算期末に時価評価を行います。この結果、期末時に為替予約に評価益が生じた場合は利益が増額し、逆に評価損が生じた場合は利益が減額します。このように、為替予約の時価評価をすることによって、損益計算書に影響が生じます。

　なお、為替予約を時価評価する場合、対象となる外貨建債権・債務は決算日レートで換算します。

3 振当処理

　前項で為替予約は原則として時価評価が必要であるとしましたが、為替予約がヘッジ会計の特例を満たしているなどの場合は、特例として振当処理という方法が認められています。

　振当処理とは、外貨建取引および外貨建金銭債権・債務を為替予約レートで換算することができる方法のことをいいます。

為替予約の処理

（原則）**時価評価**
評価損益が計上される

（特例）**振当処理**
時価評価せずに予約レートで換算処理ができる
ただし、ヘッジ会計の要件を満たしていることが条件
換算額との差額は、為替予約等の締結日から外貨建金銭債権債務等の決済日までの期間にわたって配分していく

例題 ①

> 外貨建売掛金10,000ドルが発生した時点は120円／ドルでしたが、決算時は為替レートが100円／ドルとなりました。期末時点での損益計算書への影響額のうち、適切なものを選びなさい。
>
> ［選択肢］
> (1) 為替差益　200,000円
> (2) 為替差損　200,000円
> (3) 為替換算調整額　200,000円
> (4) 損益への影響はなし

解 説 ‥‥‥‥‥‥‥‥‥‥‥‥‥‥‥‥‥‥‥‥‥‥‥‥‥‥‥‥‥‥‥‥‥

発生時と決算時の仕訳は、下記の通りとなります。

（発生時）（借方）売掛金	1,200,000	（貸方）売上	1,200,000
（決算時）（借方）為替差損	200,000	（貸方）売掛金	200,000

　売掛金を決算時レートで評価した結果、発生時レート（120円）と決算時レート（100円）との差額200,000円が為替差損として計上されます。

解答　(2)

例題 2

　外貨建債権・債務のうち、期末の換算レートが決算日レートではなく取得日レートを適用するもので、適切なものを選びなさい。

［選択肢］
(1) 外国通貨
(2) 外貨建金銭債権・債務
(3) 売買目的有価証券
(4) 子会社株式

解説 ・・・

　外国通貨等の換算レートの会計処理の原則は、以下の通りです。子会社株式や関連会社株式の評価以外は、主として決算日レートで換算します。

外国通貨等の換算レート

会計処理の原則

外国通貨	決算日レート
外貨建金銭債権	決算日レート
満期保有目的の外貨建債券	決算日レート
売買目的有価証券、その他有価証券	決算日レート
子会社株式、関連会社株式	取得日レート
外貨建金銭債務	決算日レート

解答　(4)

第10節
資金管理

▶ 中長期資金管理

1 中長期資金計画の策定

　企業が事業投資を行う場合には、金額が大きく、資金の回収が長期間に及ぶことも多く考えられます。慎重な計画を立て、回収期間や資金調達方法等を十分に検討する必要があります。

　その検討のために、3年から5年程度の中長期事業計画を策定します。将来向かうべき目標の達成のために具体的な収支計画、人員計画、投資計画を立案し、その後、この計画に対応した中長期資金計画を作成します。この一連の作業において、中長期的に資金的な問題がないことを確認します。

2 資金調達

　企業が外部から資金調達を行う方法としては、おもに増資、借入金の調達、社債の発行があります。

①有償増資

　新株を有償で発行して、会社の資本金を増やすことをいいます。有償増資は、金銭の払込みもしくは現物出資によって行われます。

　有償増資の形態には、株主割当増資、第三者割当増資および公募増資があります。

● 株主割当増資

　既存の株主に対して、それまでの持株割合に応じて平等に新株式が発行される方法です。

●第三者割当増資

　会社の取引先や取引銀行、従業員等、会社に何らかの関係がある特定の者に新株を発行する方法です。

●公募増資

　新株の引受権を特定の者に与えるのではなく、公募を行い、新株を発行する方法です。

②借入金の調達

　金融機関から借入金を調達します。ほとんどの場合は、定期預金や土地・建物等の担保が必要となります。

③社債の発行

　社債は事業会社が発行する有価証券の1つで、確実な利払いと一定期日の償還を約束するものです。

　公募債は、おもに投資適格の格付けを得た大手企業が行う設備投資や企業買収などのM&Aなど、銀行借入れではまかなえない多額の資金が必要となる場合に発行されます。

　また、私募債については、発行会社の財務内容、発行目的とも多様であるといえます。

中長期資金計画策定業務フロー

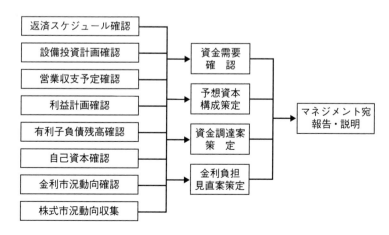

321

例題 ①

　次の選択肢のうち、株主の構成や比率が増資前後で変わらない有償増資の形態を選びなさい。

［選択肢］
(1)　株主割当増資
(2)　現物出資による第三者割当増資
(3)　金銭の払込みによる第三者割当増資
(4)　公募増資

解　説 ・・

　株主割当による増資の場合は、既存の株主に新株が平等に割り当てられるため、株主の構成、比率は増資前後で変わりません。

　一方、第三者割当増資や公募増資が行われた場合には、新株が既存の株主の持ち株比率に関係なく割り当てられるので、増資前後で株主の構成、比率が変わることになります。

解答　(1)

例 題 ②

次の選択肢のうち、社債に関する記述のうち、適切でないものを選びなさい。

［選択肢］
(1) 株式会社、合名会社、合資会社または合同会社は、社債を発行することができる。
(2) 特例有限会社では、少人数私募債を発行することができない。
(3) 社債はその種類ごとに券面の発行・不発行を選択することができる。
(4) 社債券には取得したものの氏名の記載は不要である。

解 説 ………………………………………………………………………

　会社法の施行により、有限会社（特例有限会社）においても社債の発行が可能となりました。社債については、旧来の取扱いが変更されているので、注意が必要です。

解答　(2)

ワンポイント
会社法における社債の取扱いの変更点

　会社法では、既存の有限会社が移行する特例有限会社も、社債を発行できるようになりました。また、取締役会が設置されていない株式会社はもちろん、合名会社、合資会社、合同会社でも社債を発行することが可能です。

　このため、株式会社以外の会社でも、少人数私募債の活用が可能になるなどのメリットがあります。

▶単年度資金管理·······································

1 資金繰りの必要性

　短期の資金計画は、資金が期中に不足しないかどうか管理することがもっとも重要なポイントです。1年を通した場合には問題がなくても一時的に不足の状態になるのはありうることなので、十分に注意して資金の管理を行わなければなりません。

　企業会計において、損益計算書によって計算される利益は必ずしも現金等の収支と一致しません。たとえば、銀行からの借入れは現金収入となりますが、損益計算における収益ではありません。

　また、減価償却費は損益計算において費用となりますが、その会計期間における現金支出とは必ずしも一致しません。つまり、損益計算を行った結果である利益があるとしても、現金残高がある裏づけにはなりません。そのため、損益の管理とは別に入金や出金を把握し、実際の残高の管理（資金繰管理）をする必要があります。

　資金繰りを行う場合には、今後の入金と出金の予定を調査したうえで日々の残高を予測していきます。これによって、将来の資金不足を事前に防止することが可能です。

```
■損益と現金収支が一致しない例■
・借入金の借入れおよび返済
・売掛金の入金、買掛金の支払い
・減価償却費の計上
・引当金の計上
・預り金の受入れ、返金
```

2 資金繰表による管理

資金繰表は年間、半年、3カ月、1カ月など、対象とする期間に応じて作成する精度が異なります。少なくとも1カ月の期間で作成する場合には、1日単位の詳細な内容のものをつくる必要があります。

会社が将来の資金残高を予測していないと、資金ショート（資金の不足）という事態が起こりえます。資金ショートのタイミングが手形の決済時期に発生すると、最悪の場合、倒産となります。

3 キャッシュフロー計算書の作成

キャッシュフロー計算書は、企業の現金創出能力と支払能力を査定するのに役立つ情報を提供することと、その利益の質を評価するのに役立ち、短期資金計画を立てるさいに参考資料として活用することが望ましいとされています。また、株式公開企業においては、連結キャッシュフロー計算書の作成が義務づけられ、重要性が増しています。

キャッシュフロー計算書は、営業活動、財務活動、投資活動について次のように区分して表示します。

①営業活動によるキャッシュフロー

営業活動によるキャッシュフローの区分には、営業損益計算の対象となった取引のほか、投資活動および財務活動以外の取引によるキャッシュフローを記載します。

②投資活動によるキャッシュフロー

投資活動によるキャッシュフローの区分には、固定資産の取得および売却、現金同等物に含まれない短期投資の取得および売却等によるキャッシュフローを記載します。

③財務活動によるキャッシュフロー

財務活動によるキャッシュフローの区分には、資金の調達および返済によるキャッシュフローを記載します。

例 題 ①

　次の選択肢のうち、キャッシュフロー計算書における「営業活動によるキャッシュフロー」に区分すべきものはどれか選びなさい。

［選択肢］
(1) 生産設備の取得による支出
(2) 他企業の株式の取得による支出
(3) 法人税の支払いによる支出
(4) 発行済株式の買戻しによる支出

解 説 ・・

　法人税の支払いによる支出は、企業の主要な活動による資金の減少のため、「営業活動によるキャッシュフロー」に区分します。

解答　(3)

FASS

練習問題

練 習 問 題

▶資産

問題1▶ 下記の機械を取得した場合、取得価額に計上すべき金額を
選択しなさい。

本体価額　300,000円　運送費　10,000円　設置費50,000円

借入金利息　1,000円　関税　20,000円

a)　300,000円

b)　380,000円

c)　360,000円

d)　310,000円

問題2▶ 次の（　）に入る語句の正しい組み合わせのものを選択し
なさい。

財務諸表等規則における減価償却費の表示方法として、有形固定
資産は（　①　）で、無形固定資産は（　②　）で処理することが
望ましい。

a)　①直接控除法　②直接控除法

b)　①間接控除法　②直接控除法

c)　①直接控除法または間接控除法　②直接控除法

d)　①直接控除法または間接控除法　②間接控除法

問題3▶ 下記の固定資産について、定率法および定額法により計算
した当期減価償却費の正しい組み合わせを選択しなさい。

事業年度　R6/4/1-R7/3/31

取得価額　500,000円　R6/10/1取得

耐用年数　5年（償却率　定額法0.2　定率法0.4）

a) 定率法 100,000円 定額法 100,000円
b) 定率法 100,000円 定額法 50,000円
c) 定率法 200,000円 定額法 50,000円
d) 定率法 200,000円 定額法 100,000円

問題 4 ▶ 固定資産税について、下記のなかから誤っているものを選択しなさい。

a) 固定資産税の賦課期日は毎年1月1日であり、1月1日現在所有している固定資産について課税される。
b) 償却資産にかかる固定資産税は、その対象となる資産が所在している市町村に納付することとなるため、1社に複数の事業所がある場合はそれぞれの市町村に申告する必要がある。
c) 20万円未満の少額減価償却資産の場合は、固定資産税の課税対象とはならない。
d) 固定資産税は賦課課税であるため、市町村からの納税通知により支払えばよい。

問題 5 ▶ 下記のなかから税務上の資本的支出と修繕費の判定基準において、修繕費とすることができる条件として正しくないものを選択しなさい。

a) その支出額が60万円未満である。
b) その修繕が3年以内の期間を周期として行われる。
c) 支出額がその固定資産の前期末の取得価額のおおむね20％相当額以下。
d) その支出額の30％相当額と、その固定資産の前期末の取得価額の10％相当額とのいずれか少ない金額。

問題 6 ▶ 売上収益の計上時期について、下記の中から誤っているものを選択しなさい。

a) 委託販売……受託者が委託品を販売した日
b) 試用販売……買手が買取りの意思を表示した日
c) 予約販売……買手より商品等の購入予約を受けて予約金を受領した日
d) 割賦販売……資産を引渡した日

問題 7 ▶ 経営破綻または実質的に経営破綻に陥っている債務者に対する債権は、下記のうちどれか。

a) 貸倒懸念債権
b) 破産更生債権等
c) 一般債権
d) 滞留売掛金

問題 8 ▶ 次の文章の（　）に入る組み合わせとして正しいものを、下記の中から選択しなさい。

棚卸資産の管理方法のうち、入出庫時の伝票類と現物とを照合することを（A）といい、事業年度終了時等に実際に現物を数えて点検する手続きを（B）という。

a) A：帳簿管理　B：現物管理
b) A：実地棚卸　B：現物管理
c) A：現物管理　B：実地棚卸
d) A：現物管理　B：帳簿管理

問題9▶ 下記のうち、減価償却資産に該当しないものはどれか。

a) 土地　　b) 構築物
c) 船舶　　d) 特許権

問題10▶ 次の文章の（ ）に入る組み合わせとして正しいものを、下記の中から選択しなさい。

（A）とは（B）を耐用年数で除して計算する方法をいい、（C）とは（D）に耐用年数に応じた償却率を乗じて計算する方法をいう。

a) A：定率法　B：取得価額　C：定額法　D：期首簿価
b) A：定率法　B：期首簿価　C：定額法　D：取得価額
c) A：定額法　B：取得価額　C：定率法　D：期首簿価
d) A：定額法　B：期首簿価　C：定率法　D：取得価額

問題11▶ 自社利用目的のソフトウェアの税法上の耐用年数は、下記のうちどれか。

a) 3年　　b) 5年
c) 7年　　d) 10年

問題12▶ 次の文章の（ ）に入る組み合わせとして正しいものを、下記の中から選択しなさい。

自社利用目的で作成されるソフトウェアは将来の収益獲得または費用削減が確実であることが認められる場合は（A）し、確実であることが認められない場合または確実であるか不明である場合は（B）します。

a) A：有形固定資産に計上　B：費用処理
b) A：無形固定資産に計上　B：費用処理
c) A：費用処理　　　　　　B：有形固定資産に計上
d) A：費用処理　　　　　　B：無形固定資産に計上

問題13▶ 与信管理に関する説明で、最も適切でないものはどれか。

a) 新規の取引では、取引先の財務情報等や信用調査機関による評価結果をもとに、与信の可否、取引限度額、取引条件等の設定を行う必要がある。

b) 継続的な契約取引においても、定期的な債権残高状況のチェック、定期的な与信限度額の見直し、承認権限者による承認の実施が必要である。

c) 与信判断を一定のレベルで実施するためには、取引先の会社概要や信用調査の結果等に対応する与信可否基準、与信限度額を定めた社内与信基準を設定する必要がある。

d) 与信限度額の設定・見直しを実施した場合には、社内関連部署のいずれかの上長の承認を受ければよい。

問題14▶ 受注契約の説明で、最も適切でないものはどれか。

a) 受注契約において契約書に定める取引条件には、契約金額、納期、検収方法、支払方法、支払期限、瑕疵担保責任などがある。

b) 契約内容を実施するにあたり法規制が存在する場合があるため、契約を締結する場合には法的に問題がないか検証する必要がある。

c) 継続取引の場合、契約の際に与信限度額の充足状況を確認する必要はない。

d) 契約締結にあたっては、自社として適正な契約金額を決めるための目標価格の算定を行い、自社にとって有利な条件の契約書を提示して、これをベースに交渉を進めることが望ましい。

問題15▶ 顧客別債権管理に関する説明で、最も適切でないものはどれか。

a) 残高確認の実施は、記帳担当者以外の者が行う。

b) 得意先元帳は、売掛金の発生と消滅のみが記載されている帳簿であり、顧客別債権の増減の経過を把握する目的で作成される。

c) 顧客に対して行った残高確認書の回答がない場合、再確認又は督促をして回答を入手するように努めるべきである。

d) 顧客別債権管理の実施にあたっては、信用調査の状況やその調査により設定された信用限度額などの与信管理の情報を活用し、債権管理の方針に反映させることが重要である。

問題16▶ 期日別債権管理に関する正しい説明として、適切な組み合わせはどれか。

A：滞留債権の抽出には、売掛金年齢表等を活用し、債権発生日からの経過月数ごとに把握する期日別による管理方法が有効である。

B：約定した回収期限を超えた滞留債権を発見した場合には、滞留原因の分析、回収可能性の検討を行う。

C：滞留債権が発生した場合には、速やかに当該債権の回収を実行する。

D：滞留債権が発生した場合には、与信管理の強化、債権保全措置の検討、貸倒引当金の設定等の検討が必要となる。

a）　A、B、C、Dが適切である。

b）　B、C、Dが適切である。

c）　A、B、Dが適切である。

d）　A、C、Dが適切である。

問題17▶ 売上値引きの仕訳として、適切なものはどれか。

　　A：（借方）売上　　　　×× 　　　　（貸方）売掛金　××

　　B：（借方）売上値引き　×× 　　　　（貸方）売掛金　××

a）　A

b）　B

c）　A、B両方とも適切である。

d）　A、B両方とも適切でない。

問題18▶ 下請代金支払遅延等防止法に関する親会社の禁止事項として、最も適切でないものはどれか。

a）　注文品などを受け取った日から支払期日（最長90日）までにその代金を支払わないこと。

b）　受け取った注文品などを自己の都合で返品すること。

c）　注文後に自己の都合で代金を減額して払うこと。

d）　一旦注文した品物などの受け取りを拒むこと。

問題19▶ 入荷基準の適用にあたり、最も適切でないものはどれか。

a）　入荷処理に関して保管が必要な書類が明確になっている。

b）　メーカーの検査証明が必要なものは証明書を取得している。

c）　入荷記録を月末にまとめて記録する。

d）　納品書には、担当者以外にあらかじめ決められた上長等の確認印が押印されている。

問題20▶ 検収基準について、次の文章の（　）の中に入る語句として、最も適切なものはどれか。

　検収基準では、検収が完了した日をもって、（　　）計上の日とする基準であることから、「検収合格日＝（　　）計上日＝買掛金計上日」となる。

a)　商品
b)　仕入
c)　仕掛品
d)　貯蔵品

問題21▶ 債務管理に関する説明として、正しいものはどれか。
a)　未払金などの買掛金以外の債務については、期日別残高管理を行う必要はない。
b)　長期滞留している買掛金が存在する場合には、速やかに雑収入に振り替えなければならない。
c)　買掛金の期日別残高管理を行う目的は、買掛金を契約内容に基づいて支払方法別に整理することである。
d)　買掛金の期日別管理により、支払期日までの債務履行の徹底や早期の資金流出の防止が可能となる。

問題22▶ 仕入先への買掛金の決済にあたり、最も適切でないものはどれか。
a)　購買部門……請求書と注文書控及び検収報告書を照合し、請求内容の検証を行った。
b)　購買部門……仕入値引について、購買部門責任者の承認を受けた。

c) 会計部門……支払日に仕入先元帳に記帳し、支払金額の消込を
行った。

d) 出納部門……支払依頼書がなかったが、急ぎであったため、出
納部門責任者の承認を受けて支払を行った。

問題23▶ 債務残高管理に関する説明として、正しいものはどれか。

A：仕入先別に仕入先別元帳を設け、同一取引先に対する支払遅
延や支払誤りが起こらないように管理を行う必要がある。

B：仕入先別元帳の合計額と総勘定元帳の残高は必ず一致する。

C：仕入先別元帳に借方残高が生じても確認をする必要がない。

D：自社の買掛金残高について、定期的に仕入先に照会を行う必
要がある。

a) A、Bが正しい。

b) A、B、Cが正しい。

c) A、B、Dが正しい。

d) B、C、Dが正しい。

問題24▶ 仕入値引き、仕入割引きの計上時期の説明として、正しい
ものはどれか。

a) 仕入値引き……値引きが行われた事業年度
仕入割引き……割引きが行われた事業年度

b) 仕入値引き……商品等の仕入時期の属する事業年度
仕入割引き……割引きが行われた事業年度

c) 仕入値引き……値引きが行われた事業年度
仕入割引き……商品等の仕入時期の属する事業年度

d) 仕入値引き……商品等の仕入時期の属する事業年度
仕入割引き……商品等の仕入時期の属する事業年度

問題25 ▶ 棚卸資産の評価に関する説明として、次の文章の空欄に当
てはまる組み合わせとして、最も適切なものはどれか。

（　　①　　）

先に受け入れたものから先に払い出したとみなして、払出単価を
算出する方法

（移動平均法）

受入のつど（②）を計算して、払出単価を算出する方法

a)　①先入先出法　　　　　②平均単価

b)　①個別法　　　　　　　②受入単価

c)　①売価還元法　　　　　②正味売却価格

d)　①最終仕入原価法　　　②製造原価

問題26 ▶ 適正在庫管理に関する説明として、最も適切なものはどれ
か。

a)　商品の販売状況は日々変化し、状況に合わせて対応するのが合
理的であるので適正在庫数量の設定は必要ない。

b)　在庫が過小な場合のデメリットとして、過大な場合と比較して
保管費用の増加、処分代等の余分な費用の発生があげられる。

c)　適正在庫を保つためには、定期的に実際の在庫数量・在庫期間
を確認し、超過原因の確認を行う必要がある。

d)　過剰在庫を持たないためには市場調査を行い、管理部門、営業
部門の協議により適正数量を決定するのが効果的である。

問題27▶ 減損会計の適用の流れとして、最も適切な手順はどれか。

a) ①資産のグルーピング ②減損の兆候の把握 ③減損損失の認識 ④減損損失の測定

b) ①減損の兆候の把握 ②減損損失の認識 ③資産のグルーピング ④減損損失の測定

c) ①減損損失の認識 ②減損損失の測定 ③減損の兆候の把握 ④資産のグルーピング

d) ①減損損失の認識 ②資産のグルーピング ③減損の兆候の把握 ④減損損失の測定

問題28▶ 固定資産除却に関する説明として、最も適切でないものはどれか。

a) 固定資産の除却を行った場合、除却の証明となる資料を引取業者から入手する必要がある。

b) 固定資産を除却した際の損失は、営業外損失とするのが原則である。

c) 有姿除却とは、固定資産について撤去等を行わず、有姿のままの状態で帳簿上だけ除却処理することをいう。

d) 固定資産を除却する場合には、社内規定に従って申請し、承認を受けることが必要である。

問題29▶ リース取引に関する説明として、最も適切なものはどれか。

a) リース契約1件当たりのリース料総額が500万円以下のリース資産については、オペレーティング・リース取引に準じた賃貸借処理をすることができる。

b) ファイナンス・リース取引は、原則として通常の売買取引に準じた会計処理を行う。

c) オペレーティング・リース取引は、原則として通常の売買取引に準じた会計処理を行う。

d) ファイナンス・リース取引のうち、リース物件の所有権が借手に移転すると認められるものをオペレーティング・リース取引といい、それ以外を所有権移転外ファイナンス・リース取引という。

▶ 決算

問題 1 ▶ 月次決算に関する説明で、適切でないものはどれか。

a) 月次決算は年次決算と同様、法律に基づき実施される決算の1つである。
b) 年度予算を月単位に展開して、月次決算値との対比による計画額との差異を分析し、年間計画額からの乖離状況を把握する目的で、予算対比資料を作成する。
c) 前年同月実績との比較を行い、経営成績の変化を分析し、年度決算見込額について予測する目的で、実績対比資料を作成する。
d) 業績管理資料は、あまり詳細にするとかえってポイントが絞り込めなくなる可能性があるので、ポイントをあてて作成することが多い。

問題 2 ▶ 売上原価の計算で、正しいものはどれか。
・期首棚卸高　　200,000
・当期仕入高　4,500,000
・期末棚卸高　　300,000

a) 4,000,000
b) 4,400,000
c) 4,600,000
d) 5,000,000

問題 3 ▶ 連結決算に関する説明で、正しいものはどれか。

a) 連結決算を行う場合、すべての子会社を連結しなければならない。

b) 子会社の決算日と連結決算日との差異が4カ月以内の場合には、新たに決算を行わないで連結することができる。

c) 財政状態および経営成績の表示に重要な影響がないと考えられるものについては、会計処理を統一しないことも認められている。

d) 親会社と子会社の会計処理を統一する場合には、子会社が親会社の会計処理に合わせる必要がある。

問題 4 ▶ 以下の連結決算の手続きまたは仕訳で、適切でないものはどれか。

a) 連結会社相互間の取引高の相殺消去仕訳

b) 債権と債務の相殺消去仕訳

c) 当期純利益と資本金の修正仕訳

d) 未実現損益の相殺消去仕訳

問題 5 ▶ 以下のうち、株主総会の招集通知に添付する書類に含まれないものはどれか。

a) 貸借対照表

b) 損益計算書

c) 有価証券報告書

d) 事業報告

問題 6 ▶ 未収収益、未払費用の仕訳起票時の貸借の組み合わせで、正しいものはどれか。

a) 未収収益（貸方）　未払費用（借方）
b) 未収収益（貸方）　未払費用（貸方）
c) 未収収益（借方）　未払費用（貸方）
d) 未収収益（借方）　未払費用（借方）

問題 7 ▶ 会社法で定める計算書類のうち、正しくないものはどれか。

a) 貸借対照表
b) 株主資本等変動計算書
c) 個別注記表
d) 附属明細書

問題 8 ▶ 退職給付引当金の説明として、正しくないものはどれか。

a) 退職の事実があった支給年度に、全額費用計上するものである。
b) 退職給付債務を示す科目で、退職時に見込まれる退職給付の総額の現価のことである。
c) 企業年金制度を採用している場合には、退職給付に充てるため積み立てられている資産（年金資産）の額について調整が必要となる。
d) 退職給付引当金は、税法上は計上が認められていない引当金である。

問題 9 ▶ 棚卸資産の実地棚卸の説明として、正しくないものはどれか。

a) 帳簿残高に対して不足が生じている場合は、棚卸減耗損として費用処理する。

b) 実地棚卸は定期的に計画的に行う必要がある。

c) 実地棚卸により生じた差異が少額の場合は、損益計上する必要はない。

d) 期末の実地棚卸は、短期間に行うためスケジュール管理が重要である。

問題10▶ 月次業績管理に関する説明で、最も適切でないものはどれか。

a) 予算対比資料の作成の結果、実績額が目標額を下回ったので、該当部門に改善案の提出を求めた。

b) 月次貸借対照表を活用し、対前年同期及び期首残高と比較し、滞留債権がないかを把握した。

c) 月次損益計算書を経営管理資料として社内報告等で使用した。

d) 月次決算報告資料を作成する際に、対前年同期実績分析を併せて行った。

問題11▶ 決算取締役会について、次の文章の（　）の中に入る語句として、適切な組み合わせはどれか。

　取締役会設置会社においては、会社法上、（　①　）及び（　②　）並びにこれらの（　③　）は、取締役会の承認を受けなければならない。

a)　①計算書類　　　②事業報告　　　③附属明細書

b)　①貸借対照表　②損益計算書　③財産目録

c)　①財務諸表　　②附属明細書　③勘定科目明細書

d)　①決算報告書　②監査報告書　③アニュアルレポート

問題12▶ 年次決算処理を行うにあたり、事前に決めておくべきものとして最も適切なものは、次のうちどれか。

a) 引当金の計上基準
b) 滞留債権の回収方針
c) 請求書の様式
d) 来期の業績管理方法

問題13▶ 会社法決算に関する説明で、最も適切でないものはどれか。

a) 会社法決算においては、取締役会で計算書類、事業報告およびこれらに係る附属明細書について承認を受ける必要がある。
b) 会社計算規則は、法人税法及び法人税法施行令の規定に基づく財務省の管轄する省令である。
c) 計算書類は、貸借対照表、損益計算書、株主資本等変動計算書、個別注記表からなる。
d) 事業報告や附属明細書の具体的な内容については、会社法施行規則で定められている。

問題14▶ 監査に関する説明として、最も適切でないものはどれか。

a) 監査役を設置している会社においては、計算書類および事業報告ならびにこれらの附属明細書について監査役の監査を受ける必要がある。
b) 会計監査人を設置している会社においては、計算書類およびその附属明細書について監査役および会計監査人の監査を、事業報告およびその附属明細書について会計監査人の監査を受ける必要がある。
c) 資本金5億円以上又は負債総額200億円以上の株式会社は、「大会社」として会計監査人の設置が義務付けられている。

d) 会計監査人は、公認会計士または監査法人でなければならない
とされている。

問題15▶ 連結決算に関する説明として、最も適切でないものはどれ
か。
a) 議決権が20％未満の会社は、関連会社になることはない。
b) 親会社が議決権の過半数を所有している会社は、子会社となる。
c) 親会社が議決権の20％以上を所有している会社は、関連会社と
なる。
d) 原則として子会社は連結対象になるが、重要性の乏しい子会社
は連結の範囲から外すことができる。

問題16▶ 連結決算に関する説明で、最も適切でないものはどれか。
a) 親会社が連結パッケージ内容に関する事前説明及び作成支援を
行う。
b) 親会社が連結子会社の決算の早期化・効率化を支援する。
c) 親会社が連結子会社と会計処理統一についての協議を行う。
d) 親会社が連結子会社と与信判断に関するグループ方針について
の協議を行う。

問題17▶ 適時開示に関する説明で、適切な組み合わせはどれか。
A：適時開示規定は、会社の経営に重要な影響を与える事実およ
び上場有価証券に関する権利等に係る重要な決定の適時開示
について、日本公認会計士協会が定める規定をいう。
B：適時開示規定は変更されることがあるので、変更の動向に注
意する必要がある。
C：適時開示要件に該当する連結グループ各社の取引が発生して
いないか、常にモニタリングする必要がある。

a) A、Bが適切である。

b) A、Cが適切である。

c) B、Cが適切である。

d) A、B、Cともに適切である。

問題18▶ 有価証券報告書に関する説明で、最も適切でないものはどれか。

a) 有価証券報告書は、EDINETによる提出が義務付けられている。

b) 国内法人の有価証券報告書の提出期限は、当該事業年度経過後2カ月以内である。

c) 有価証券報告書は、第一部「企業情報」第二部「提出会社の保証会社等の情報」及び監査報告書から構成されている。

d) 有価証券報告書における第一部「企業情報」には、企業の概況、事業の状況、設備の状況、提出会社の状況、経理の状況、提出会社の株式事務の概要、提出会社の参考情報が記載される。

▶ 税務

問題1▶ A社（設立第1期）の税効果会計に関する仕訳として、適切なものはどれか。なお、第1期におけるA社の税務調整が必要な取引は、交際費等の損金不算入額200、貸倒引当金繰入限度超過額100とし、実効税率を30％として計算するものとする。

a) （借方）繰延税金資産　　　90
　　（貸方）法人税等調整額　　90

b) （借方）繰延税金資産　　　30
　　（貸方）法人税等調整額　　30

c) （借方）法人税等調整額　　90

　　（貸方）繰延税金負債　　　90

d) （借方）法人税等調整額　　30

　　（貸方）繰延税金負債　　　30

問題2 ▶ 次のうち、消費税のかかる取引はどれか。

a) 東京本社ビル（建物）の売却
b) 従業員の社宅使用料
c) 配当金の受取
d) 預金利息

問題3 ▶ 簡易課税制度の適用を受けることができる課税売上高の基準として、適切なものはどれか。

a) 基準期間の課税売上高5,000万円未満
b) 基準期間の課税売上高5,000万円以下
c) 当期の課税売上高5,000万円未満
d) 当期の課税売上高5,000万円以下

問題4 ▶ B社（事業年度は1年）の予定申告による納税額として、適切なものはどれか。なお、B社の前事業年度の課税所得は1,000万円、法人税額は400万円であった。

a) 1,000万円　　b) 500万円
c) 400万円　　d) 200万円

問題 5 ▶ 固定資産等を購入した場合に、法人税法上、全額損金算入できる金額はどれか。

a) 10万円未満　 b) 10万円以上
c) 20万円未満　 d) 30万円未満

問題 6 ▶ 中間申告書の提出期限は、次のうちどれか。

a) 事業年度開始の日から6カ月以内
b) 事業年度開始の日から6カ月を経過した日から1カ月以内
c) 事業年度開始の日から6カ月を経過した日から2カ月以内
d) 事業年度開始の日から6カ月を経過した日から3カ月以内

問題 7 ▶ 次の文章の（　）に入る組み合わせとして正しいものを、下記の中から選択しなさい。

　税効果会計の対象となる会計上の資産・負債の金額と税務上の資産・負債の金額との差異を（A）差異といい、将来的に課税所得を増減させる効果をもたないものを（B）差異という。

a)　A：永久　　B：一時
b)　A：永久　　B：永久
c)　A：一時　　B：永久
d)　A：一時　　B：一時

問題 8 ▶ グループ法人税制の納税単位及び事業年度に関する説明の組み合わせとして、最も適切なものはどれか。

a) 納税単位：各単体法人
   事業年度：親法人の事業年度
b) 納税単位：各単体法人
   事業年度：各法人のそれぞれの事業年度
c) 納税単位：グループ全体
   事業年度：親法人の事業年度
d) 納税単位：グループ全体
   事業年度：各法人のそれぞれの事業年度

問題 9 ▶ 繰延税金資産の対象にならないものは、次のうちどれか。

a) 減価償却超過額
b) 繰越欠損金
c) 未払事業税
d) 損金不算入となる役員賞与

問題 10 ▶ 法人税申告書の作成上正しいものは、次のうちどれか。

a) 減価償却費は会計上費用に計上しなかった場合でも、申告調整をすることにより損金の額に算入することができる。
b) 還付金等の益金不算入は、申告書に記載しなくてもいい。
c) 受取配当等の益金不算入の適用については、申告書に記載がないと適用を受けることができない。
d) 所得税額の税額控除については、必ず申告書に記載しなければならない。

問題11▶ 税効果会計について述べた以下の文章の（　　　）内に入る語句の組み合わせとして、最も適切なものはどれか。

　減価償却の償却超過によって、（　A　）が発生した場合、貸借対照表の（　B　）の部に、繰延税金資産を計上し、損益計算書の（　C　）に法人税等調整額を計上します。

a)　　A：将来減算一時差異　　B：資産　　C：貸方

b)　　A：将来加算一時差異　　B：負債　　C：借方

c)　　A：将来減算一時差異　　B：資産　　C：借方

d)　　A：将来加算一時差異　　B：負債　　C：貸方

問題12▶ 繰延税金資産の回収可能性を判断する場合に、考慮すべき事項に該当しないものはどれか。

a)　将来加算一時差異の十分性

b)　収益性に基づく課税所得の十分性

c)　タックスプランニングの存在

d)　純資産の十分性

問題13▶ 消費税の仕入税額控除の要件となる帳簿への記載事項に該当するものとして正しいのはどれか。

A：課税仕入れの相手方の氏名又は名称

B：課税仕入れを行った年月日

C：課税仕入れに係る資産又は役務の内容

D：課税仕入れに係る支払対価の額

a)　A

b)　A及びB

c)　A、B及びC

d)　A、B、C及びD

問題14▶ 不動産業で簡易課税を適用している会社のみなし仕入率で正しいのはどれか。

a) 70%

b) 60%

c) 50%

d) 40%

問題15▶ 外形標準課税の適用となる法人で最も正しいのはどれか。

a) 資本金の額又は出資金の額が5億円を超える法人

b) 資本金の額又は出資金の額が1億円を超える法人

c) 資本金の額又は出資金の額が5億円以上の法人

d) 資本金の額又は出資金の額が1億円以上の法人

問題16▶ 法人税申告に関する次の文章の（　　　　　）に入る語句で正しいものを、下記の中から選択しなさい。

　課税所得を算出する場合は、法人税申告書の別表四を使うが、別表四の先頭は損益計算書の（　　　　　）である。

a) 売上総利益

b) 営業利益

c) 経常利益

d) 当期純利益

問題17▶ 法人住民税に関する説明で最も適切なものはどれか。

a) 法人住民税は、法人税の額に応じて算出される法人税割と、資本金等や従業者数などによって算出される均等割の合計額となる。

b) 法人住民税は、法人税の額に応じて算出される法人税割のみである。

c) 法人住民税は、資本金等や従業者数などによって算出される均等割のみである。

d) 法人住民税は、所得に法人事業税率を乗じて算出される税金である。

問題18▶ グループ通算制度を選択している場合に、グループ通算制度の適用を受ける会社は、以下のうちどれか。

a) 親法人が外国法人である場合の完全支配関係がある内国法人である子法人

b) 親法人が内国法人である場合の支配関係がある内国法人である子法人

c) 親法人が外国法人である場合の支配関係がある内国法人である子法人

d) 親法人が内国法人である場合の完全支配関係がある内国法人である子法人

問題19▶ 各種加算税の説明をした以下のなかから誤っているものを選択しなさい。

a) 過少申告加算税は、申告期限内に提出された申告書に記載した金額が過少で修正申告又は更正する場合に課税される加算税である。

b) 無申告加算税は、申告期限までに納税申告書を提出しないで、期限後申告又は決定する場合に課税される加算税である。

c) 重加算税は、事実を隠ぺい又は仮装したことに基づき課税される加算税である。

d) 延滞加算税は、源泉徴収により納付すべき税額を法定納期限までに納付しないで、法定納期限後に納付する場合に課税される加算税である。

問題20▶ グループ通算制度に関する説明について、最も適切でない
ものはどれか。

a) グループ通算制度を選択する場合は、適用を開始しようとする
親法人の事業年度開始日の3カ月前までに国税庁長官に対して
申請書を提出する必要がある。
b) グループ通算制度の特徴の一つとして、単体納税と異なって、
グループ内で損益通算ができることがあげられる。
c) グループ通算制度を選択している場合、修更正事由が発生した
際は、原則として損益通算の遮断措置は行われない。
d) グループ通算制度を選択している場合、通算子法人は、通算親
法人の事業年度に合わせて申告する必要がある。

▶ 資金

問題1▶ キャッシュフロー計算書の構成要素として、適切でないも
のはどれか。

a) 販売活動によるキャッシュフロー
b) 財務活動によるキャッシュフロー
c) 投資活動によるキャッシュフロー
d) 営業活動によるキャッシュフロー

問題2▶ 売買目的有価証券100株に関して、取得価額1,500円/株
のものが期末時点で600円/株になったときの期末時点の
仕訳として、正しい仕訳はどれか。

a) （借方）未収収益　　　　90,000
　　（貸方）有価証券　　　　90,000

b) （借方）有価証券評価損　90,000
　　（貸方）有価証券　　　90,000
c) （借方）有価証券評価差額　90,000
　　（貸方）有価証券　　　90,000
d) （借方）貸倒引当金繰入　90,000
　　（貸方）有価証券　　　90,000

問題 3 ▶ 社債の増減が影響を及ぼす資料として、不適切な資料はどれか。

a) キャッシュフロー計算書　　b) 貸借対照表
c) 固定資産台帳　　　　　　　d) 社債償還予定表

問題 4 ▶ 保証類似行為の内容として、適切なものはどれか。

a) 債務保証契約
b) 連帯保証
c) 保証予約または経営指導念書等の差入れ
d) 手形遡求義務

問題 5 ▶ 債券の格付けについて、適切でないものはどれか。

a) BBB格以上の債券は投資適格と呼ばれ、BB格以下の債券は投機的格付けと呼ばれる。
b) AAAとBBBでは、AAAのほうが格付けが高い。
c) 格付けが低い債券は、格付けが高い債券に比べて利回りが相対的に低くなる。
d) 格付けとは、債券の発行体が元本や利息を予定通り支払うかどうかの信用度を示す指標である。

問題 6 ▶ 小口現金の説明の文章として、正しくないものはどれか。

a) 少額の支払いのためあらかじめ現金を渡しておき、小口の支払いを任せることをいう。

b) 小口現金の管理方法には、インプレストシステムと随時補給法とがある。

c) インプレストシステムとは、一定額の現金を前渡しし、お金の入出金を記録しておき月ごとや週ごとに報告させて、定額を補充するという管理方法である。

d) 必要に応じて随時現金を補給する管理方法を随時補給法という。

問題 7 ▶ 手形の説明の文章で次の（　　）の中に入る語句として、正しいものはどれか。

　手形とは、営業取引により発生する手形債権で、（　A　）と（　B　）がある。

　（　A　）は振出人が、受取人またはその指図人もしくは手形所持人に対し、一定の金額を一定の期日に支払う手形をいう。

　（　B　）は振出人が第三者に対して、受取人またはその指図人に一定の金額を支払うことを委託した手形をいう。

a) A：約束手形　　B：裏書手形

b) A：約束手形　　B：為替手形

c) A：振出手形　　B：裏書手形

d) A：為替手形　　B：約束手形

問題 8 ▶ 金融商品のリスクの説明として、正しくないものはどれか。

a) 為替リスクとは、外貨建金融商品において為替レートの変動により資産が増減する可能性のリスクである。

b) 価格変動リスクとは、市場価格が変化して、金融商品の価値が変動する可能性のリスクである。

c) 信用リスクとは、相手先の経営破綻等により、元金、元本や利息などが支払われなくなる可能性のリスクである。

d) インフレリスクとは、金利の変動により、受ける利益や損失が増減する可能性のリスクである。

問題 9 ▶ 以下の場合のPBRとして、正しいものはどれか。

株価200円、株数100株、当期純利益15,000円、純資産25,000円

a) 0.75 b) 0.80

c) 1.25 d) 1.50

問題 10 ▶ 融資先の企業調査のポイントとして、下記の中から最も適切でないものを選択しなさい。

a) 企業の事業目的を把握するために、その企業の商業登記簿を閲覧したり、謄本や抄本等を取り寄せる。

b) 企業の永続性を把握するために、融資先企業の業歴を調べる。

c) 融資先企業の業績が良いことが判明した場合には、あらかじめ設定していた融資枠限度額以上の融資を行うことによって利益の追求を図る。

d) 企業の将来性を把握するためには、業種や業態が成長産業に属しているかどうかだけではなく、社会や経済構造の変化を視野に入れ、消費者の意識、行動の変化、技術の進歩など分野やテーマ別に今後の成長性を検討する必要がある。

問題11▶ 次の文章の（　）に入るものとして適当なものを、下記の中から選択しなさい。

短期借入金とは借入金のうち（　）以内に返済するものをいう。

a)　3カ月　　　　b)　6カ月
c)　1年　　　　　d)　2年

問題12▶ 現金の範囲に該当しないものを、下記の中から選択しなさい。

a)　配当金領収書
b)　他人振出の当座小切手
c)　期限の到来した公社債の利札
d)　先日付小切手

問題13▶ 社債を発行するのはどこか。

a)　国　　　　　　　　　b)　地方公共団体
c)　民間の事業会社　　　d)　公益法人

問題14▶ オプション取引について、正しいものはどれか。

a)　将来の売買について、あらかじめ現時点で約束する取引
b)　固定金利と変動金利を交換するなど、等価のキャッシュフローを交換する取引
c)　ある商品を将来の一定期日に、あるいは一定期間内に特定の価格で買うまたは売ることができる権利
d)　一定の取引について、追加的に付与することができる権利

問題15▶ 為替予約が付された場合の会計処理として、正しくないものはどれか。

a) 為替予約の対象とした外貨建金銭債権債務等は、決算時にその時点での為替相場で換算する。

b) 時価評価差額は損益計算書に計上する。

c) 先物為替相場は直物為替相場と完全に一致する。

d) 為替予約は期末に時価評価したうえで貸借対照表に計上する。

問題16▶ 設備投資を行うさいの設備資金の調達方法として、適切でないものはどれか。

a) 内部資金でまかなうようにする。

b) 増資など自己資本でまかなうようにする。

c) 社債を発行することによって資金を調達する。

d) 長期借入れをすると利息も長期間支払わなければならないため、短期借入れにより資金調達をすべきである。

問題17▶ 売上代金10,000円を手形で受け取り、その手形を割引き、300円の手数料を支払った場合、手形割引の仕訳として、正しい仕訳はどれか。

a) （借方） 当座預金 9,700 （貸方） 受取手形 10,000
　　　　　 手形売却損 300

b) （借方） 売掛金 9,700 （貸方） 受取手形 10,000
　　　　　 支払手数料 300

c) （借方） 当座預金 9,700 （貸方） 受取手形 10,000
　　　　　 支払手数料 300

d) （借方） 受取手形 9,700 （貸方） 売掛金 10,000
　　　　　 手形売却損 300

問題18 ▶ 株価収益率に関する以下の文章の（　　　）内に入る語句の組み合わせとして最も適切なのはどれか。

　株価収益率が高いほど、利益に比べて株価が（　　A　　）であり、株価収益率が低いほど、利益に比べて株価が（　　B　　）であるといえる。

a)　A：割安　　　　B：割高
b)　A：割高　　　　B：安定的
c)　A：割高　　　　B：割安
d)　A：安定的　　　B：割安

問題19 ▶ 以下のデータに基づき、PER を求めた場合、正しい値はどれか。

・株価　　　　　　　　：180,000円
・1株あたり純資産　　：　20,000円
・1株あたり当期純利益　：　15,000円
・1株あたり総資産　　：　60,000円
・1株あたり配当金　　：　　3,000円

a)　9倍
b)　12倍
c)　3倍
d)　60倍

問題20 ▶ 次の事例の場合の有価証券の期末評価の処理として正しい組み合わせはどれか。

その他有価証券（取得価額）　：200,000円
期末時価　　　　　　　　　　：300,000円
法定実効税率　　　　　　　　：30%

a) その他有価証券：300,000円、その他有価証券評価差額金：70,000円

b) その他有価証券：200,000円、その他有価証券評価差額金：100,000円

c) その他有価証券：300,000円、その他有価証券評価差額金：100,000円

d) その他有価証券：200,000円、その他有価証券評価差額金：70,000円

問題21▶ 金融機関からの借入について説明した文として、最も適切でないものはどれか。

a) 証書借入は、金銭消費貸借契約書を作成して行うが、主に短期借入金に用いられる。

b) 手形借入は、銀行宛の約束手形を発行して、借入を行う方法である。

c) 当座貸し越しは、当座預金の残高が不足しても、あらかじめ約定した一定の限度額まで不足額を支払う方法である。

d) 手形割引は、期日前の手形を買い取ってもらい、支払期日までの金利相当分を差し引いた金額を受け取る方法である。

問題22▶ ヘッジ取引の有効性の評価を少なくとも何カ月に1度は行わなければならないか。

a) 12カ月

b) 6カ月

c) 3カ月

d) 1カ月

問題23 ▶ 手形や売掛金と比較して、電子記録債権のメリットとして最も適切でないものはどれか。

a) 手形の郵送コストの削減
b) 手形の紛失リスクの低減
c) 売掛金の譲渡の煩雑性の低減
d) 会計仕訳の削減

問題24 ▶ 電子記録債権が生じた時点で、起票すべき仕訳として正しいものはどれか。

a) （借方）電子記録債務　　（貸方）買掛金
b) （借方）電子記録債権　　（貸方）売掛金
c) （借方）電子記録債権　　（貸方）電子記録債務
d) （借方）買掛金　　　　　（貸方）電子記録債務

問題25 ▶ インターネットバンキングにより行うことができない業務は以下のうちどれか。

a) 総合振込
b) 残高照会
c) 手形取立
d) 取引明細照会

問題26 ▶ 銀行振込で自社に入金があった場合の管理手順として正しい順番となっているのは、どれか。

a) 銀行振込明細書により、入金を確認する　→　仮受金勘定で入金処理　→　仮受金を正しい勘定に振り替える　→　入金内容と自社請求内容を照合して、一致を確認

b) 銀行振込明細書により、入金を確認する → 仮受金勘定で入金処理 → 入金内容と自社請求内容を照合して、一致を確認 → 仮受金を正しい勘定に振り替える

c) 仮受金勘定で入金処理 → 銀行振込明細書により、入金を確認する → 仮受金を正しい勘定に振り替える → 入金内容と自社請求内容を照合して、一致を確認

d) 仮受金勘定で入金処理 →仮受金を正しい勘定に振り替える → 銀行振込明細書により、入金を確認する → 入金内容と自社請求内容を照合して、一致を確認

問題27▶ 先日付小切手の説明として最も適切でないものはどれか。

a) 実際の振出日よりも先の日付を記載して振り出す。

b) 振出日ではなく、先の日付に取り立ててもらうことを約束して振り出される。

c) 振り出し後にすぐに現金化をされて不渡りになると振出人の信用は失墜する。

d) 見ず知らずの人に対しても気にせず振り出して問題ない。

問題28▶ 金融商品のリスクに該当しないものはどれか。

a) 価格変動リスク

b) ITリスク

c) 為替リスク

d) インフレリスク

問題29 ▶ 社内における投資判断プロセスとして、最も適切でないものはどれか。

a) 社内の決裁ができる責任者は、特に決める必要はなく、その時々の状況で決める。

b) 計画の策定、投資案件の検証、契約等の役割と責任は明確に決めておく。

c) すべての業務を一人で担当するのではなく、役割分担と責任を決めた方が、ミスや不正が発生しにくい。

d) 資金決済の実施、実施後の管理については役割と責任を明確にしておく。

問題30 ▶ 連帯保証について、単なる保証との違いを正しくあらわしたものはどれか。

a) 催告の抗弁権：なし　　検索の抗弁権：あり

b) 催告の抗弁権：あり　　検索の抗弁権：なし

c) 催告の抗弁権：なし　　検索の抗弁権：なし

d) 催告の抗弁権：あり　　分別の利益　：あり

問題31 ▶ 融資可否の判定をするにあたって調査すべき事項として、最も適切でないものはどれか。

a) 企業の将来性

b) 事業内容の変遷

c) 本社の所有権の有無

d) 設立事情

問題32▶ 市場金利の説明として最も不適切なものはどれか。

a) プライムレートとは、銀行が資金を貸し出す際の最低金利で、最も信頼のおける顧客に適用される。

b) TIBOR（タイボー）とは、ロンドン市場で資金を貸し出す側が提示する金利で、金融機関が資金調達をするときの基準金利である。

c) 短期プライムレートとは、銀行が短期資金を貸し出す際の最優遇適用金利をいう。

d) 長期プライムレートとは、銀行が長期資金を貸し出す際の最優遇適用金利で、長期借入金の金利指標となる。

問題33▶ 為替ポジション管理への対応として最も適切でないものはどれか。

a) 為替予約

b) 通貨オプション

c) 通貨スワップ

d) 外貨建債権債務の換算替え

● 資産

問題1 ▶（b）

〔解説〕

　固定資産の取得価額に含めるものは、以下になります。

　①取得に要した付随費用

　②事業の用に供するために直接要した費用

　よって、この場合、借入金利息は取得のための費用ではなく資金調達のための費用と考えられるため、取得価額に含める必要はありません。

　300,000円 + 10,000円 + 50,000円 + 20,000円 = 380,000円

問題2 ▶（c）

〔解説〕

　財務諸表等規則において、有形固定資産については直接控除法または間接控除法によること、無形固定資産については直接控除法によることとされています。

問題3 ▶（b）

〔解説〕

　定率法　　$500,000円 \times 0.4 \times \dfrac{6}{12} = 100,000円$

　定額法　　$500,000円 \times 0.2 \times \dfrac{6}{12} = 50,000円$

問題 4 ▶（ c ）

〔解説〕

　少額減価償却資産の場合、10万円未満のものについては消耗品等
で損金経理をしている場合、20万円未満のものについては一括償却
資産として処理していれば、固定資産税の課税対象とはなりません。
ただし、固定資産として計上して減価償却している場合は、課税対
象となります。

問題 5 ▶（ c ）

〔解説〕

　その支出額がその固定資産の前期末の取得価額の10％相当額以下
である場合は、修繕費とすることができます。

問題 6 ▶（ c ）

〔解説〕

　予約販売は、商品等の引渡しまたは役務提供の完了した日をもっ
て、売上収益が実現した日とみなします。

問題 7 ▶（ b ）

〔解説〕

　経営破綻の状況とは、破産、清算、会社更生、民事再生、手形交
換所における取引停止等の事由をいいます。

問題 8 ▶（ c ）

〔解説〕

　棚卸資産の管理方法は、入出庫時の伝票類と現物とを照合する現
物管理、証憑に基づき残高を管理する帳簿管理、事業年度終了時な
どに実際に現物を数えて点検する実地棚卸があります。

問題 9 ▶ (a)

〔解説〕

　減価償却資産とは、棚卸資産、有価証券および繰延資産以外の資産のうち償却をすべき一定のものをいい、事業の用に供していないものおよび時の経過により価値の減少しないものは除かれます。土地は時の経過によりその価値が減少しないため、減価償却資産に該当しません。

問題 10 ▶ (c)

〔解説〕

　定額法とは、償却費が毎年同額となるように、取得価額を耐用年数で除して計算する方法をいいます。定率法とは、償却費が毎年一定の割合で逓減するように、期首簿価に耐用年数に応じた償却率を乗じて計算する方法をいいます。

問題 11 ▶ (b)

〔解説〕

　自社利用目的のソフトウェアの耐用年数は、企業会計上、原則5年以内、税務上は5年とされています。

問題 12 ▶ (b)

〔解説〕

　研究開発費およびソフトウェアの会計処理に関する実務指針においては、自社利用目的で作成されるソフトウェアは、将来の収益獲得または費用削減が確実であることが認められる場合には無形固定資産にソフトウェアとして資産計上し、将来の収益獲得または費用削減が確実であることが認められない場合または確実であるか不明な場合には費用処理することとされています。

問題13 ▶ (d)

〔解説〕

与信の可否や与信限度額の設定・見直しが行われた場合には、社内規定等に定められた承認権限者による承認を受けることが必要になります。なお、その証跡は、リスクマネジメントの観点から残しておかなければなりません。

問題14 ▶ (c)

〔解説〕

与信限度額は、売掛金や貸付金の焦付きの発生を防ぐために設定されるものですので、契約の際には、設定した与信限度額の充足状況を確認する必要があります。

問題15 ▶ (b)

〔解説〕

得意先元帳は売掛金の発生・消滅だけでなく、その増減の結果である残高について把握することに意味があります。顧客別の売掛金残高の把握は、与信管理が機能する前提となります。

問題16 ▶ (c)

〔解説〕

滞留債権の発生原因は、得意先の資金繰り悪化等に限らず、クレーム発生や事務処理不備といった自社に原因があることも考えられます。そのため、滞留債権を発見した場合には、回収が遅延している原因の分析をすることが必要となります。

問題17 ▶ (c)

〔解説〕

売上値引きの仕訳方法には、直接控除法、間接控除法があります。

Ａが直接控除法、Ｂが間接控除法に該当します。

問題18▶（ａ）
〔解説〕

　下請代金支払遅延等防止法（下請法）は、下請取引の公正化・下請事業者の利益保護を目的に、独占禁止法の特別法として制定された法律です。親事業者の下請事業者に対する支払期日は、下請事業者の給付を受領した日から起算して、60日の期間内において、かつ、できる限り短い期間内において、定められなければならないとされています。

問題19▶（ｃ）
〔解説〕

　物品等の受入について、関係部署への連絡や内部管理のために帳票が整備されている必要があります。これらの帳票は、作成日または入手日の記載があることを確認し、日付順等の一定の区分に基づいて整理します。入荷記録は入荷の都度速やかに作成する必要があります。

問題20▶（ｂ）
〔解説〕

　検収基準は、検収合格日において仕入れの計上を行う基準であるため（ｂ）が正解となります。

問題21▶（ｄ）
〔解説〕

　選択肢（ａ）買掛金以外の債務についても期日別残高管理は必要です。

　選択肢（ｂ）長期滞留している買掛金は、架空仕入れ等が原因

である可能性があるため、発生原因を明確にした上で、その後の処理を検討する必要があります。

選択肢（ c ）買掛金の期日別管理は、取引先の支払条件の違いによる支払期日の管理であり、支払方法の管理ではありません。

問題22▶（ d ）
〔解説〕

会計部門では、請求書、仕入先元帳、会計帳簿残高を照合の上、出納部門への支払依頼書を作成し、その支払依頼書は、あらかじめ定められた責任者により承認が行われます。出納部門では、会計部門から受領した支払依頼書と取引条件を照合の上、責任者の承認を受けて支払いを行います。

問題23▶（ c ）
〔解説〕

A　債務残高の管理には、期日別債務残高管理と仕入先別債務残高管理がありますが、A は仕入先別債務残高管理について説明したものです。

B　仕入先別元帳は、総勘定元帳が買掛金の合計額を記帳するのに対して、その内訳となるものであるため、仕入先別元帳の合計額と総勘定元帳の残高は必ず一致します。

C　仕入先別元帳に借方残高が生じた場合には、計上漏れや支払金額誤り等が考えられるため、放置せずにすぐに原因を究明する必要があります。

D　仕入先への照会は、正しい残高が明らかになるとともに、購買部門等への内部牽制効果があるため、不正防止にも役立ちます。

したがって、正しい説明は、A、B、D であり、正解は（ c ）となります。

問題24▶(a)

〔解説〕

　仕入値引き・仕入割引きは、商品等の仕入時期に関係なく、値引きや割引きが行われた事業年度で計上します。

問題25▶(a)

〔解説〕

　選択肢(b)の個別法とは、取得原価の異なる棚卸資産を区別して記録し、その個々の実際原価によって期末棚卸資産の価額を算定する方法をいいます。また、選択肢(c)の売価還元法とは、値入率等の類似性に基づく棚卸資産のグループごとの期末の売価合計額に、原価率を乗じて求めた金額を期末棚卸資産の価額とする方法になります。

問題26▶(c)

〔解説〕

　適正在庫を保つためには、数量面、年齢面の2つの観点から定期的に検証を行う必要があります。

問題27▶(a)

〔解説〕

　減損会計の適用の流れは、①資産のグルーピング　②減損の兆候の把握　③減損損失の認識　④減損損失の測定となります。

問題28▶(b)

〔解説〕

　固定資産を除却したさいの除却損は、原則として特別損失に計上します。ただし、金額に重要性がない場合には、営業外損失に計上することができます。

問題29 ▶（ b ）

〔解説〕

　ファイナンス・リース取引は、原則として通常の売買処理に準じた会計処理を行います。ただし、次の場合には、賃貸借処理が可能となっています。

・企業の事業内容に照らして重要性に乏しいリース資産で、1件当たりのリース料総額が300万円以下のリース取引
・リース期間が1年以下のリース取引
・個々のリース物件のリース料総額が、購入時に一括費用処理する基準額以下（少額資産）のリース取引

　なお、選択肢（ c ）（ d ）は、次の理由により誤りとなります。

　選択肢（ c ）　オペレーティング・リース取引は、通常の賃貸借処理に準じた会計処理を行います。

　選択肢（ d ）　ファイナンス・リース取引とは、「中途解約不能」「フル・ペイアウト」の2つの要件を満たすリース取引となります。また、オペレーティング・リース取引とは、ファイナンス・リース取引以外のリース取引をいいます。ファイナンス・リース取引は、リース期間終了後に所有権が移転するか否かにより、所有権移転ファイナンス・リース取引と所有権移転外ファイナンス・リース取引に区分されます。

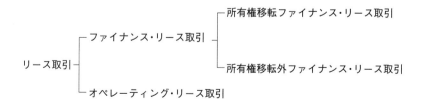

▶ 決算

問題 1 ▶ (a)

〔解説〕

月次決算は、経営管理に必要かつ有効な情報を提供するために毎月の営業成績や財政状態を明らかにすることが主な目的で、法律に基づき実施されるものではありません。

問題 2 ▶ (b)

〔解説〕

売上原価は、以下の式によって計算されます。

売上原価＝期首棚卸高＋当期仕入高－期末棚卸高

したがって、200,000＋4,500,000－300,000＝4,400,000となります。

問題 3 ▶ (c)

〔解説〕

連結決算を行う場合、原則として子会社は連結対象になりますが、すべての子会社が連結対象とはかぎりません。たとえば、一時的な支配であると認められる会社は、連結対象から除外する必要があります。

また、決算日の差異が3カ月以内の場合は、そのまま連結決算を行うことができます。

なお、重要な影響がないと考えられるもの（たとえば棚卸資産の評価方法）は会計処理を統一しなくともよく、統一する場合でも必ずしも親会社の会計処理に合わせる必要はありません。したがって、正解は（ c ）となります。

問題 4 ▶ (c)

〔解説〕

連結決算のおもな手続きは、次の通りになります。

　①親会社の投資と子会社の株主資本との相殺消去仕訳

　②債権と債務の相殺消去仕訳

　③当期純利益と剰余金処分の修正仕訳

　④連結会社相互間の取引高の相殺消去仕訳

　⑤未実現損益の相殺消去仕訳

　⑥開始仕訳

　したがって、解答は（ c ）となります。

問題 5 ▶（ c ）

〔解説〕

　有価証券報告書とは、金融商品取引法に基づき作成される書類のことをいい、株式を上場・公開している企業が内閣総理大臣に提出する書類のことをいいます。したがって、株主総会の招集通知には含まれません。

問題 6 ▶（ c ）

〔解説〕

　未収収益は資産科目、未払費用は負債科目ですので、選択肢（ c ）となります。

問題 7 ▶（ d ）

〔解説〕

　会社法で定める計算書類とは、貸借対照表、損益計算書、株主資本等変動計算書、個別注記表となります。会社法では計算書類に含まれない書類として、附属明細書のほか、事業報告があげられます。

問題 8 ▶（ a ）

〔解説〕

　退職手当は、退職の事実の発生により支給するものですが、在職

期間において発生したものが蓄積されたものと考えられるので、各事業年度において費用として配分を行います。

問題 9 ▶（ c ）
〔解説〕

　実地棚卸とは、棚卸資産の残高を確認するために現物の点検・確認をすることをいいます。帳簿残高に対して不足があった場合には、棚卸減耗損として処理します。帳簿残高と在庫残高は一致させる必要があるため、少額であっても損益計上することになります。

問題 10 ▶（ b ）
〔解説〕

　滞留債権の把握は、貸借対照表の増減には表れないため、期日別債権残高管理などにより別途把握する必要があります。

問題 11 ▶（ a ）
〔解説〕

　会社法436条3項では、「取締役会設置会社においては、前条第2項の計算書類及び事業報告並びにこれらの附属明細書（第1項又は前項の規定の適用がある場合にあっては、第1項又は前項の監査を受けたもの）は、取締役会の承認を受けなければならない」と規定しています。

問題 12 ▶（ a ）
〔解説〕

　年次決算処理を行うにあたり、事前に決めておくべき主なものとして、引当金の計上基準、資産の評価基準などがあります。滞留債権の回収方針、請求書の様式、来期の業績管理の方法は、年度決算処理に直接影響がある項目ではありません。

問題13▶（ｂ）

〔解説〕

　会社計算規則は、会社法の規定により委任された会社の計算に関する事項を定めた法務省令で、会社法計算書類及び附属明細書の具体的な内容や作成方法を定めたものです。

問題14▶（ｂ）

〔解説〕

　会計監査人設置会社では、事業報告及びその附属明細書について、監査役（監査等委員会設置会社にあっては、監査等委員会、指名委員会等設置会社にあっては監査委員会）の監査を受けなければならないとされています。（会社法436条2項2号）

問題15▶（ａ）

〔解説〕

　親会社が議決権の15％以上20％未満を所有しており、かつ一定の事実に該当し、重要な影響を与えることができる場合、関連会社に該当します。したがって、議決権が20％未満である場合でも関連会社に該当する可能性があるため、選択肢（ａ）の説明は適切ではありません。

問題16▶（ｄ）

〔解説〕

　連結財務諸表作成にあたり、連結子会社から適正な個別財務諸表を速やかに提出してもらうため、子会社に対する協議やサポートが必要になります。選択肢（ｄ）については、連結財務諸表作成に直接関連する事項ではありません。

問題17▶（ c ）

〔解説〕

　適時開示規定は各証券取引所（金融商品取引所）が定めたもので
す。適時開示が求められる項目には、次のものがあげられます。
- ・上場有価証券に関する権利等に係る重要な事項についての決議
  または決定の情報
- ・経営に重大な影響を与える事実の発生に係る情報
- ・重要な会社情報として認められる決算情報など

問題18▶（ b ）

〔解説〕

　国内法人は、有価証券報告書を、当該事業年度経過後3カ月以内
に、内閣総理大臣に提出しなければならないこととされています。
（金融商品取引法24条）

▶ 税務

問題 1 ▶（ b ）

〔解説〕

　会計上の利益と税務上の課税所得の差異のうち、永久差異は税効
果会計の対象とならず、一時差異のみが対象となります。A社の取
引のうち、交際費等の損金不算入額は永久差異に該当するため、税
効果会計の対象とはなりません。

　一方、貸倒引当金繰入限度超過額は一時差異に該当するため、税
効果会計の対象となり、将来の課税所得を減少させる効果をもつこ
とから将来減算一時差異として「繰延税金資産」を用いて処理しま
す。

　以上のことから、一時差異の金額に実効税率を乗じた30（100×
30%）を繰延税金資産として処理した（ b ）が正解となります。

問題2 ▶（a）

〔解説〕

　課税対象取引に該当するかは、次の4要件をすべて満たしているかどうかで判断します。

　①国内において行うものであること

　②事業者が事業として行うものであること

　③対価を得て行うものであること

　④資産の譲渡、役務の提供、資産の貸付けであること

　また、政策的配慮等から住宅の貸付等一定のものは、非課税取引とされています。

　以上のことから、4要件に該当し、非課税取引に該当しないのは、（a）のみとなります。

問題3 ▶（b）

〔解説〕

　基準期間における課税売上高が5,000万円以下で、事前に届出書を提出している場合には、一定の例外を除いて簡易課税制度の適用を受けることができます。

　なお、「未満」と表現された場合には、該当の数値は含まれず、「以下」と表現された場合には、該当の数値も含まれます。

問題4 ▶（d）

〔解説〕

　予定申告による納税額は、次の算式により計算した金額となります。

$$前事業年度の法人税額 \times \frac{6}{前事業年度の月数}$$

　したがって、設問のB社の場合は、200万円（400万円 × $\frac{6}{12}$ 月）となります。なお、上記の算式により計算した金額が10万円以下の場

合は、中間納付の必要はありません。

問題 5 ▶（a）

〔解説〕

　法人税法上10万円未満の固定資産については、全額損金算入することができます。

　また、青色申告法人である中小企業者は、30万円未満の固定資産を全額損金算入できる規定もありますが、この規定は租税特別措置法で規定しているものであるため本問では該当しないことになります。

問題 6 ▶（c）

〔解説〕

　中間申告書の提出期限は、事業年度開始の日から6カ月を経過した日から2カ月以内です。また、確定申告書の提出期限の延長を受けている場合であっても、中間申告書の提出期限は延長されません。

問題 7 ▶（c）

〔解説〕

　税効果会計の対象となる会計上の資産・負債の金額と税務上の資産・負債の金額との差異を一時差異といい、将来的に課税所得を増減させる効果をもたないものを永久差異といいます。

　一時差異には、減価償却累計額・繰越欠損金・未払事業税などがあり、永久差異には、交際費の損金不算入額や延滞税などがあります。

問題 8 ▶（b）

〔解説〕

　グループ法人税制では、納税は各法人単位で行い、事業年度も各法人の事業年度に基づいて行うことになります。

問題 9 ▶（ d ）

〔解説〕

　損金不算入となる役員賞与については、会計上は費用となるものの税法上は損金とならず、永久に解消することができないため、税効果の対象にはなりません。

問題 10▶（ c ）

〔解説〕

　減価償却費に関しては、会計上費用に計上した場合に限り、損金算入することができます。また、還付金等の益金不算入は、申告書に記載をする必要がありますし、所得税額の税額控除に関しては、申告書への記載を条件に適用が認められます。

問題 11▶（ a ）

〔解説〕

　減価償却超過や引当金等の繰入超過などは、税効果会計では、将来減算一時差異に該当します。将来減算一時差異は、税金の前払という効果があるため、繰延税金資産という資産勘定で貸借対照表に計上します。損益計算書では、発生時に貸方に法人税等調整額を計上し、将来減算一時差異が解消する年度に繰延税金資産を取り崩すと同時に借方に法人税等調整額を計上します。

問題 12▶（ d ）

〔解説〕

　繰延税金資産を計上するためには、その資産性（回収可能性）を検討する必要があります。繰延税金資産の回収可能性の判断は次のいずれかを満たしているかどうかにより行います。

　・収益性に基づく課税所得の十分性

　・タックスプランニングの存在

・将来加算一時差異の十分性

問題 13 ▶（d）

〔解説〕

　課税仕入れの場合に、仕入税額控除の要件となる帳簿への記載事項は、次の通りです。

　・課税仕入れの相手方の氏名又は名称
　・課税仕入れを行った年月日
　・課税仕入れに係る資産又は役務の内容
　・課税仕入れに係る支払対価の額

問題 14 ▶（d）

〔解説〕

　簡易課税制度の主な事業別のみなし仕入率は、以下の通りです。

　第1種事業（卸売業）　90%
　第2種事業（小売業）　80%
　第3種事業（製造業、建設業）　70%
　第4種事業（飲食店業）　60%
　第5種事業（金融業、サービス業）　50%
　第6種事業（不動産業）　40%

問題 15 ▶（b）

〔解説〕

　外形標準課税の対象となるのは、資本金の額または出資金の額が1億円を超える法人です。ただし、所得に課税される会社に限られ、公共法人等、特別法人、人格のない社団等、みなし課税法人、投資法人、特定目的会社、一般社団法人及び一般財団法人は除きます。

　なお、外形有標準課税の課税対象は見直しが行われており、令和7年4月1日以後に開始する事業年度から課税対象が変更となります。

問題16▶（ d ）

〔解説〕

　課税所得を算出する際は、損益計算書の当期純利益をもとに別表四で算出をします。会計上の利益をもとに税務上の課税所得を算出することを申告調整といいます。申告調整には、課税所得を増加させる加算と課税所得を減少させる減算とがあります。

問題17▶（ a ）

〔解説〕

　法人住民税は、法人税の額に応じて算出される法人税割と、従業者数などによって算出される均等割の合計額となります。

　選択肢（ d ）は、法人事業税の説明文です。

問題18▶（ d ）

〔解説〕

　グループ通算制度は、任意の届出制で、グループ通算制度を選択するかどうかは会社の判断に委ねられています。選択をすると適用対象となる会社は、必ず適用をしなければなりません。

　適用対象となる会社は、グループ通算制度を選択した内国法人である親法人とその親法人に100%保有されている内国法人です（通算除外法人を除き外国法人が介在しない一定の場合に限ります。）。100%保有されている関係を完全支配関係といいます。外国法人は、グループ通算制度の対象とはなりません。なお、支配関係というのは、50%を超えた保有関係がある相互の関係をいいます。

問題19▶（ d ）

〔解説〕

　（ d ）の説明は、不納付加算税の説明です。

問題20 ▶（ｃ）

〔解説〕

　通算グループ内のいずれかの法人で修更正事由が生じた場合には、損益通算に用いる通算前所得金額（損益通算及び欠損金の控除前の所得の金額）及び通算前欠損金額（損益通算前の欠損金額）を当初申告額に固定することにより、原則として、その修更正事由が生じた通算法人以外の他の通算法人への影響を遮断し、その修更正事由が生じた通算法人の申告のみが是正されるように手当されています。

▶ 資金

問題１ ▶（ａ）

〔解説〕

　キャッシュフロー計算書の作成基準でキャッシュフロー計算書のひな型は、おおむね以下のような構成になっています。

間接法によるキャッシュフロー計算書

　Ⅰ　営業活動によるキャッシュフロー

税引前当期利益	200
減価償却費	150
貸倒引当金増加額	30
退職給付引当金増加額	20
固定資産廃却損	50
受取利息	−50
支払利息	200
有価証券売却益	−100
有形固定資産売却損	10
売上債権の減少額	200
棚卸資産の増加額	−100
仕入債務の減少額	−50

役員賞与	−10
小計	550
利息の受取額	50
利息の支払額	−100
法人税等の支払額	−230
営業活動によるキャッシュフロー	270

Ⅱ　投資活動によるキャッシュフロー

有価証券の取得による支出	−300
有価証券の売却による収入	300
有形固定資産の取得による支出	−500
有形固定資産の売却による収入	20
投資活動によるキャッシュフロー	−480

Ⅲ　財務活動によるキャッシュフロー

短期借入金の収入	120
短期借入金の返済による支出	−100
長期借入金の収入	300
長期借入金の返済による支出	−150
株式の発行による収入	200
配当金の支払額	−50
財務活動によるキャッシュフロー	320

Ⅳ	現金及び現金同等物の増加額	110
Ⅴ	現金及び現金同等物期首残高	500
Ⅵ	現金及び現金同等物期末残高	610

　このように、キャッシュフロー計算書は営業、投資、財務の3つの項目について区分して表示します。また、キャッシュフロー計算

書は作成の仕方によって直接法と間接法がありますが、実務上は間接法が主流です。

問題2 ▶（b）
〔解説〕
　売買目的有価証券の評価損益は、当期の損益に反映させます。したがって、有価証券の期末時点の評価が損益に影響を及ぼしますので、損益管理上、有価証券の時価管理は重要です。売買目的有価証券の評価損益は、法人税上は当期の損金または益金として処理します。

　一方、その他有価証券にかかる評価差額は、原則として当期の損益には反映させず、純資産の部に計上します。したがって、売却目的有価証券の場合は、選択肢（b）が正解となります。

問題3 ▶（c）
〔解説〕
　社債が償還された場合、キャッシュフロー計算書の財務活動によるキャッシュフローの減少として影響が及ぼされます。また、貸借対照表負債の部の社債勘定も減額されます。固定資産台帳は、社債によって調達をしていたとしても、社債の増減と直接連動はなされません。

問題4 ▶（c）
〔解説〕
　偶発債務については、注記をしなければなりませんが、問題の4つはいずれも偶発債務として注記の対象になります。ただし、ここで保証類似行為とは、保証予約または経営指導念書等の差入れのことを指し、これについても偶発債務として注記が必要になります。

　保証予約とは、将来において保証契約の成立を約束する契約のこ

とであり、契約形態によって以下に区分されます。

①停止条件付保証契約（保証先の財政状態が悪化した場合等の一定の事由を停止条件とし、それが生じた場合に自動的に保証契約が発効する契約）

②予約完結権行使型保証予約（債権者による予約完結権［保証契約を成立させる権利］の行使により、保証予約人の承諾を必要とせずに自動的に保証契約が成立する予約契約）

③保証契約締結義務型保証予約（債権者から保証契約締結の請求を受けた場合に、保証予約人が保証契約を締結する義務を負うこととなる予約契約）

経営指導念書等の差入れとは、一般的に、子会社等が金融機関等から借入れを行うさいに、親会社等としての監督責任を認め、子会社等の経営指導などを行うことを約して金融機関等に差し入れる文書のことをいいます。

問題 5 ▶（ c ）

〔解説〕

格付けとは、発行体の発行する社債の元本、利息が約束通り支払われる確実性、財務的安全性を指標としたものです。ただし、業界の動向など財務内容以外のことにも影響を与えます。格付会社は発行体について調査を行い、「AA」や「BB」などの符号を用いて対象社債の信頼度を示します。格付けが高い債券ほど債務不履行のリスクが低いため、利息は低く、格付けが低い債券になると債務不履行になるリスクが高くなるため、利息は高く設定されます。

問題 6 ▶（ c ）

〔解説〕

インプレストシステムは定額資金前渡制とも呼ばれ、毎週または毎月の初めには必ず一定額の現金が手元にあるようにしておく小口

現金の管理方法です。補充する金額は、使用して減った分を補給するので、毎週または毎月の初めに一定額が手元にあることになります。

問題 7 ▶（b）
〔解説〕

　手形は、約束手形と為替手形の2つに分けられます。裏書手形は、支払いなどの目的で流通させるため、手形の所有者が手形の裏側に署名・捺印したもので、手形の種類を指す用語ではありません。

問題 8 ▶（d）
〔解説〕

　インフレリスクとは、物価の上昇により、貨幣価値が下落する可能性のリスクのことをいいます。金利の変動により、受ける利益や損失が増減する可能性のリスクとは、金利変動リスクと呼ばれています。

問題 9 ▶（b）
〔解説〕

　PBRとは株価純資産倍率のことで、以下の算式で算出されます。

$$PBR = \frac{株価}{一株あたり純資産} = \frac{200円}{25,000円 \div 100株} = 0.8$$

　通常は、PBR1倍が企業の解散価値を表し、RBRが1倍を下回る場合は、株価が割安である目安とされています。

問題 10 ▶（c）
〔解説〕

　融資を行う際には、融資先企業の事業内容を精査し、その永続性や将来性について正確な見通しをつけたうえで貸付けを行う必要があります。しかし、融資枠限度額を超える融資は、安全性確保の観点から融資判断として好ましくありません。

問題11▶（c）

〔解説〕

　短期借入金とは、決算日の翌日から起算して1年以内に返済するものをいいます。

問題12▶（d）

〔解説〕

　先日付小切手とは、振出の日付を現実の日付より先の日付とした小切手をいいます。先日付小切手は、法律上は小切手ですが実質が手形に近いものであることから、受取手形に含まれます。

問題13▶（c）

〔解説〕

　社債とは、企業が広く一般から長期資金を調達するために発行する債務証券をいいます。

問題14▶（c）

〔解説〕

　オプション取引は、将来の一定期日に、あるいは一定期間内に特定の価格で買うまたは売ることができる権利です。

問題15▶（c）

〔解説〕

　先物為替相場と直物為替相場は、ほぼ近い金額にはなりますが、完全には一致しません。

問題16▶（d）

〔解説〕

　短期借入れにより設備資金を調達した場合には、返済のほうも短

期で行わなければならなくなるので、財政状態が不安定になります。

問題17▶（a）

〔解説〕

　手形割引とは、支払期日より前に銀行などの金融機関に手形を裏
書譲渡し、一定の割引料を支払った残高を現金として受け取る取引
をいいます。割引料は、手形売却損という勘定科目で計上します。

問題18▶（c）

〔解説〕

　株価収益率は、利益と株価の関係を表していて割安かどうかの判
断に使うことができます。一般的に、株価収益率が低ければ低いほ
ど、会社が稼ぐ利益に対して株価が割安であるといえます。逆に株
価収益率が高ければ高いほど、会社が稼ぐ利益に対して株価が割高
といえます。

問題19▶（b）

〔解説〕

　PERは株価収益率のことであり、株価を1株あたり当期純利益で
割って算出します。時価総額を当期純利益で割ることでも算出でき
ます。

　株価収益率（PER）＝180,000÷15,000＝12（倍）

問題20▶（a）

〔解説〕

　その他有価証券の期末評価は時価評価をしますが、評価差額は損
益計算書を通さずに、純資産の部のその他有価証券評価差額金を通
して増減させます。これを全部純資産直入法といいます。

　その他有価証券評価差額金の計算は税効果を加味して次のように

なります。

　（300,000－200,000）×（1－0.3）＝70,000円

問題21 ▶（a）
〔解説〕

　選択肢aは、主に長期借入金に用いられるとしていれば正しい説明です。

問題22 ▶（b）
〔解説〕

　ヘッジ取引の有効性の評価に関して、企業は決算日には必ずヘッジ有効性の評価を行う必要があります。また、少なくとも6カ月に1回程度、有効性の評価を行わなければなりません。

問題23 ▶（d）
〔解説〕

　電子記録債権とは、電子的に記録・管理される債権のことをいいます。電子記録債権を活用すると手形や売掛金の次のようなデメリットを克服できます。手形を発行するためには手形を作成するための事務手続きが必要です。また、相手方に渡す際に郵送コストや印紙税がかかります。さらに手形は紛失リスクもあります。このように一定の取引コストがかかります。これに対して、電子記録債権を活用すると、電子化されていることから郵送コスト、印紙税がかからず、紛失リスクもなくなります。

　売掛金のデメリットとしては譲渡をする際に、債務者に通知をする等の煩雑性があります。これに対して、電子記録債権にした場合、譲渡する際に相手への通知等の煩雑な手続きは必要ありません。

　選択肢（d）の会計仕訳については、電子記録債権を活用した場合は電子記録債権の仕訳が必要であり、メリットとはいえません。

問題 24 ▶ (b)

〔解説〕

電子記録債権が生じた時点で、通常の債権を電子記録債権勘定に振り替え、電子記録債務が生じた時点で、通常の債務を電子記録債務勘定に振り替えます。電子記録債務が生じた場合という問いであれば、選択肢（ d ）が正解です。

問題 25 ▶ (c)

〔解説〕

インターネットバンキングを使うことで、総合振込、残高照会、取引明細照会などを行うことができます。手形の取り立てについては、インターネットバンキングでは実施できません。

問題 26 ▶ (b)

〔解説〕

銀行振込入金が発生した際は、入金確認後、いったん仮受金勘定で受入をして、その後内容を確認した後に、本勘定に振替をします。入金の都度確認をして仮受金勘定を通さずに処理することも可能ですが、仮受金勘定を通した処理の場合は（ b ）の流れで行うのが一般的です。

問題 27 ▶ (d)

〔解説〕

先日付小切手は、小切手金額だけの資金の準備は厳しいですが、何日か後には資金手当がつく場合に、目途の立つ日付で取り立ててもらうことを前提で振り出すものです。振り出された小切手はすぐに取り立てに回すこともできますが、資金の準備ができていない場合は不渡りになることになるので、ある程度信頼をおける相手でないと振り出すことは通常行いません。

問題28 ▶ （b）

〔解説〕

　金融商品についてのリスクとしては、主に次のようなリスクがあります。

　信用リスク……株式の発行体等の信用力が低下するリスク

　価格変動リスク……市場価格が変動して、価値が変動するリスク

　為替リスク……為替レートの変動によって価値が変動するリスク

　金利変動リスク……金利の変動によって、受け取る収益が変動するリスク

　流動性リスク……換金するまでに時間やコストがかかるリスク

　インフレリスク……物価の上昇で、価値が下落するリスク

　カントリーリスク……政治や社会経済が不安定である場合に、価値が下落するリスク

　ITリスクは情報セキュリティに関するリスクで、金融商品のリスクとは直接的に関係がないので、（b）が正解となります。

問題29 ▶ （a）

〔解説〕

　投資の判断は社内における重要な判断のひとつなので、社内の決裁権限上、責任者を明確にしておく必要があります。そのため、都度決めるという選択肢（a）は適切ではありません。

問題30 ▶ （c）

〔解説〕

　連帯保証と単なる保証のおもな違いは、連帯保証には催告の抗弁権、検索の抗弁権、分別の利益がないことです。

問題31▶（ｃ）

〔解説〕

　企業融資の可否を判定するにあたっては、融資先の企業の次のような事項を調査することが重要となります。

　　・設立事情
　　・事業内容の変遷
　　・企業の将来性
　　・企業の財政状態や経営成績

　（ｃ）の本社の所有権の有無は、担保物があるかどうかという視点で、調査することはありますが、融資の可否判定にあたっての重要な調査項目とはいえません。

問題32▶（ｂ）

〔解説〕

　TIBORはロンドン市場ではなく、東京市場で資金を貸し出す側が提示する金利です。ロンドン市場での銀行間取引金利としてLIBORが公表されていましたが、不正操作問題をきっかけとして、2021年12月に公表が停止されました。

問題33（ｄ）

〔解説〕

　企業は為替リスクを把握して、その状況を管理する必要がありますが、そのことを為替ポジション管理といいます。具体的な対応としては、為替予約の実施、通貨スワップ、通貨オプション等の活用があります。外貨建債権債務は、会計上期末に換算替えをする必要がありますが、換算替えを実施することでは為替ポジションを管理しているとはいえません。

MEMO

執筆者代表紹介●

中尾　篤史

　公認会計士・税理士　ＣＳアカウンティング株式会社　代表取締役
　日本公認会計士協会租税政策検討専門委員会・専門研究員
　著書に『経理業務のBPO（ビジネス・プロセス・アウトソーシング）活用の
ススメ』『DX時代の経理部門の働き方改革のススメ』『瞬殺！法人税申告書の見
方』（以上、税務研究会出版局）、『正確な決算を早くラクに実現する経理の技30』
『BPOの導入で会社の経理は軽くて強くなる』（以上、税務経理協会）、『たった3
つの公式で私でもわかる決算書』（宝島社）、『コレだけは知らなきゃヤバイよ！
会計』（すばる舎）、共著に『対話式で気がついたら決算書が作れるようになる本』
（税務経理協会）、『在庫管理がわかる―キャッシュフロー経営のキーポイント!!』
（実業之日本社）などがある。

本文中の引用資料●

- ●経済産業省「経理・財務サービス　スキルスタンダード」「クラウドサービス利用のための情報セキュリティマネジメントガイドライン」
- ●スキルスタンダード本編より「業務プロセスマップ」
- ●経済産業省ホームページ掲載資料「全社的統制とIT統制に関する留意点」
- ●税務研究会出版局『会社「経理・財務」の基本テキスト』
- ●日本CFO協会「経理・財務スキル検定公式学習ガイド・問題集」
- ●国税庁ウェブサイト

編者紹介●

ＣＳアカウンティング株式会社

　国内最大級の会計・人事のアウトソーシング・コンサルティング会社であり、約200名の公認会計士・税理士・社会保険労務士などのプロフェッショナル・スタッフによって、上場企業グループから中堅・中小企業まで幅広い会計・税務、人事・労務に関するアウトソーシング・コンサルティングサービスを提供し、会計・人事の課題をワンストップで解決している。

東京本社
〒163-0631
東京都新宿区西新宿1-25-1　新宿センタービル31階
電話番号：03-5908-3421　／　FAX番号：03-5339-3178
URL：https://www.cs-acctg.com/

改訂4版　経理・財務スキル検定™【FASS】テキスト&問題集

2024年 2 月10日　　初版第 1 刷発行
2024年 7 月20日　　　　第 2 刷発行

編　者——ＣＳアカウンティング株式会社
　　　　　　©2024 CS Accounting
発行者——張　士洛
発行所——日本能率協会マネジメントセンター
〒103-6009 東京都中央区日本橋2 - 7 - 1　東京日本橋タワー
TEL 03（6362）4339（編集）／03（6362）4558（販売）
FAX 03（3272）8127（編集・販売）
https://www.jmam.co.jp/

装丁————山之口正和＋齋藤友貴（OKIKATA）
本文DTP——株式会社大知・株式会社明昌堂
印刷————シナノ書籍印刷株式会社
製本————東京美術紙工協業組合

　本書の内容の一部または全部を無断で複写複製（コピー）することは、法律で認められた場合を除き、著作者および出版者の権利の侵害となりますので、あらかじめ小社あて承諾を求めてください。

　本書の内容に関するお問い合わせは、2ページにてご案内しております。

ISBN978-4-8005 -9181-4 C3033
落丁・乱丁はおとりかえします。
PRINTED IN JAPAN

JMAM の本

給与計算実務能力検定 1 級 公式テキスト

(一社) 実務能力開発支援協会[編]
(一財) 職業技能振興会[監修]

基本業務に加え例外的な事例や年末調整までの年間業務を管理できる能力が身につく。

A5判　280頁

給与計算実務能力検定 2 級 公式テキスト

(一社) 実務能力開発支援協会[編]
(一財) 職業技能振興会[監修]

未経験者にも給与計算の基本と業務の流れが理解でき、多様化・煩雑化・トラブルに対応できる。

A5判　268頁

マンガでやさしくわかる経理の仕事

栗山俊弘[著]
筺アンナ[作画]

伝票処理や資金調達、予算編成、決算実務など、経理部の仕事の全体像をマンガでつかむための1冊。

四六判　240頁

改訂3版 マンガでやさしくわかる日商簿記3級

前田信弘[著]
絶牙　[作画]

硬い用語を読むだけでは理解しづらい日商簿記3級の内容を、マンガと解説・例題でしっかり理解に落とし込む1冊。

A5判　344頁

改訂2版 マンガでやさしくわかる日商簿記2級 商業簿記

前田信弘[著]
絶牙　[作画]

会計実務に役立つ知識として求められる資格、日商簿記2級商業簿記の内容をマンガと解説・例題でしっかり理解に落とし込む1冊。

A5判　324頁

マンガでやさしくわかる日商簿記2級 工業簿記

前田信弘[著]
絶牙　[作画]

会計実務に役立つ知識として求められる資格、日商簿記2級工業簿記の内容をマンガと解説・例題でしっかり理解に落とし込む1冊。

A5判　288頁

日本能率協会マネジメントセンター